# だからタイはおもしろい

## 暮らしてわかったタイ人の「素の顔」

高田胤臣



光文社新書

# はじめに――素のタイ人と真の絆を結ぶために

「東南アジアの国は？」と漠然と質問されたら、今、多くの日本人が「タイ」を思い浮かべるのではないか。二〇〇〇年代初頭こそ「タイに行った」といっても「台湾？」と聞き返されるほどだったが、今やどんなスーパーマーケットにもナンプラーやパクチーがタイ語名称のまま置いてあるくらいに、タイ文化が日本に浸透している。

歴史を紐《ひも》解《と》くと、タイと日本が修好条約を結んだのは一八八七年（明治二〇年）九月二六日となっている。「日暹《にちせん》修好通商に関する宣言」が根拠で、これが今のタイと日本が正式に国交を開いた日だ。それ以前、およそ六〇〇年前のアユタヤ王朝時代にはすでに御朱印船《ごしゅいんせん》による交易もあり、タイ人と日本人の関係は、実際はもっと長くて深い。

タイと日本の関係は歴史の文献などから調べることもできる。しかし、タイを造りあげた「タイ人」というと、途端にどんな人々なのか明確に答えられない。もちろん、人それぞれにドラマがあり、ひと言でタイ人を語ること自体が難しい。とはいえ、日本と東南アジアとの経済的なつながりも日々強まり、日系企業の進出も目覚ましい中でタイに赴任する人などは早急にタイ人の実像を知りたいところだろう。そこで、タイに移住して二〇年超の筆者・高田胤臣がこれまで見てきたタイ人の本当の姿をわかりやすく解き明かしていく。

# だからタイはおもしろい——目次

## 第5章　若い世代にとっては生きづらくなりつつあるタイ 71

# 第1章　微笑みに隠されたタイ人の本心

## 世界で二番目に日本人が多い街バンコク

「タイ人」の一番のイメージは「微笑み」であろう。タイ人自身もタイを「微笑みの国」と称する。カンボジアやベトナムでとおりすがりの人や飲食店員と目が合っても、微笑みかけてくる人はごく一部だ。タイ人は多くがやさしく微笑を浮かべる。こういった小さな行為が外国人の大きな思い出になり、タイ・マニアやリピーターを増やす。

しかし、その微笑みは本当に屈託のないもの、すなわちタイ人気質を表すのだろうか。

日本人観光客（短期滞在者）だけでも、二〇一九年には過去最高の約一八〇万人がタイに来ている。タイ進出日系企業も多く、日本人だけのためのサービス各種もタイにあるし、日本人には暮らしやすい国だ。

長期滞在日本人数は、新型コロナウイルスが流行する以前は年々増加していた。日本の外務省が発表している「海外在留邦人数調査統計」の二〇二三年度統計（二二年一〇月一日時点の在留邦人数）は前年比五パーセント減ではあったものの、七万八四三一人だった。この数は国別でアメリカ、中国、オーストラリアに次ぐ四番目の規模だ。都市別ではアメリカのロサンゼルスに次いで、バンコクは日本国外で二番目に日本人が多い街となる。バンコクとロスの面積を考慮すれば、日本以外で日本人密度が一番高いのはバンコクで間違いない。いかにタイが人気で、日本人にとって住みやすいかがわかる。

タイに関するメディア情報はいい話ばかりだ。南国らしい青い海に空、おいしいタイ料理など、それらも確かに事実ではある。しかし、実際にはタイにも悪い面がある。それもひっくるめて受け入れてこそ、本当のタイ好きといえるのではないか。

タイのマイナス面のひとつにあげられるのは政治の不安定さだ。また、タイは自然災害も多い。一一年にはタイ北部からバンコクの一部という広範囲を水没させた大洪水が発生し、出荷不足により世界中のメモリースティックやハードディスクの相場が吊りあがった。さらに、タイ南部のマレーシアに接する深南部と呼ばれる三県は〇四年ごろから爆弾テロが多発

タイは街灯の質があまりよくないので、夜間はバンコクでもかなり暗く、治安も悪化する。

し、日本政府は危険度レベル3の「渡航中止勧告」をこの二〇年近く途切れることなく発出している。実はバンコクも危険度レベル1となっていて、日本政府は渡航には注意するように呼びかけているほどだ。

タイは全体的に治安がよくない。反政府デモや交通事故、タイ人同士の殺人事件も多い中、実は日本人が巻きこまれる事件・事故もある。忘れがちだが、在タイ日本大使館の邦人保護件数は〇九年まで一七年間連続で世界中の日本大使館・領事館の中でワースト一位、一〇年から一二年こそ二位・三位になったものの、それ以降も再びワースト一位になるほど、日本人がトラブルに遭い、大使館の保護を受けるケースが頻発している。

それにもかかわらずタイが日本人に人気なのは、やはり「タイ人」という要素が大きい。タイに来れば大なり小なりタイ人とかかわる。そのときに接するタイ人の気質に、外国人はすっかり虜《とりこ》になるのだ。

## 席の譲りあいに見るタイと日本の違い

ボク自身がいつも感じるタイと日本の大きな違いのひとつに、公共交通機関内での行動がある。日本だと子どもの足腰を鍛えるといった前時代的な考えもあってか、子どもには席を譲らない大人が大半だ。タイは小さな子ども、妊婦、高齢者が電車に乗ってきたら、若い人が競うように席を譲る。近年はスマートフォンが普及し視線を画面に落としている人が多く、気がつかないケースもあるが、そうすると立っている人が座っている人に席を譲るよう呼びかける。

今でこそバンコク都内に高架電車と地下鉄が走っているが、二〇〇〇年以前はバンコクの交通機関といえばタクシーと三輪のトゥクトゥク、路線バスだった。バスは路面がガタガタ

ちなみに、バンコクの都市鉄道の一部には日本製の電車も走っている。

ということを差し引いても、運転が荒くて大きく揺れる。昔はドアを閉めなかったこともあり、振り落とされて亡くなる人もいた。そのため、子どもや老人を立たせるわけにはいかなかったのだ。そのときのクセが電車でも抜けないという事情もあるにはあろう。

日本の若者が席を譲らない理由も確かにわかる。高齢者自身が老人であることを自覚しておらず、若者が席を譲っても「ワシは年寄りじゃない！」と怒鳴る人もいるからだ。タイは譲られたら素直に受ける風潮があることもまた、若い人たちが席を譲りやすい環境にある。習慣的なものか気質的なものかわからないが、これはタイ人の人のよさだ。

タイには敬虔《けいけん》な仏教徒が多いことも席の譲

りあいに関係しているのではないか。タイは国民のおよそ九四パーセントが仏教徒とされる。上座部仏教が中心で、仏教に関する考え方は日本と大きく異なる。特に誰もが徳を積むことに熱心だ。この功徳《くどく》は来世をよりよいものにするための善行で、タイ人は日常的に、息をするように自然と行う。そのための受け皿として、仏教施設だけにとどまらずあらゆる企業、団体がボランティアを受けつける。欧米や日本でも企業が利益の一部を社会に還元する動きが今はあたりまえだが、タイでは以前からその動きが活発だった。災害時にはタイ全土から寄付金や救援物資が送られ、時間がある人は現地で救援活動を行う。さらに国外の災害にも支援の手を差し伸べる。東日本大震災のときには、バンコクのスラムに暮らす貧困層の人々までもが寄付金を日本に送ったほどだ。

こういった行為の際、タイ人はいつも微笑んでいる。タイ人のやさしい気質と微笑みに触れることで、外国人はさらにタイという国が好きになっていくのである。

## その微笑みに意味はなかった

住めば都、タイは特に日本人にとって住みやすい。しかし現実は厳しく、タイで生きることは案外ハードルが高い。タイは旅行した際に見える面と、長く暮らしていてわかってくる素の顔が大きくかけ離れている。タイ人は公に見せる感情と、本心がまったく違うことがよくある。この二面性こそ、本書におけるタイ人気質の解釈に大きく関係する部分になる。

たとえば、タイのタクシー運転手は質が悪いことが少なくない。自分の利益のために平気で人を騙《だま》す。特に外国人ならタイ語がわからないから文句もいわれないだろうと高《たか》を括《くく》っている。日本人は地理や相場に詳しくないこともあるうえに、ボッタクリに遭っても日本よりタクシー代は安いので騙されていることにすら気がつかない。そういうことも彼らは織りこみ済みだ。

しかし、タイに長く暮らしていればそういったことが自然とわかってくる。人を騙して儲けようというセコい魂胆《こんたん》に毎日さらされていると、タイ人不信に陥ってしまう。観光は非日常なので、ボッタクリに遭っても数百円レベルなら笑い話になろう。しかし、日常の中で頻繁にこれが起これば、そのたびに気持ちが少しずつ削られていく。企業駐在員と違って自分の意思で移住してきた場合は無理して滞在する必要がないので、三か月と続かずにタイから撤退する人もいる。大好きだったタイを一気に嫌いになって帰国するという、一番残念な結果だ。

日本政府や自治体は生活保護を外国人にも支給する。一方、タイ政府、そしてタイ人は外国人と自国民をはっきりと区別する。タイに住まわせてあげているというくらいの気持ちであり、生活できないなら国に帰れとはっきりという。ほかにも区別の例はあって、国立自然公園や寺院は外国人料金を設定していることが多く、タイ人は無料か少額、外国人はタイ人の一〇倍を払わされるケースもある。国の経営でこれなので、民間もそれに便乗して外国人に対し高額設定にする。よくあることではないが、タイ人となにかしらのトラブルが起きたときに裁判までもつれこむと、基本的に外国人は不利だ。裁判官ですら主観的にタイ人の味方となり、よほど明確な証拠がない限り、タイ人に有利な判決が出ることが多い。

あれだけ我々にやさしく微笑みかけてくれるタイ人なのに、実際にはそこにやさしさのかけらすらない。そこにあるのは、外国人だからという理由で特別扱いはしないといった感情なのだ。だから、彼らはただ微笑んでいるのであって、文字どおりそこに「他意」はない。彼らの微笑みに特に意味はないのだ。いや、実際には意味はあるが、我々外国人がタイ人の微笑みから読みとったと勘違いする気質とはまったく違うものがそこにある。

## シビアな人間関係の背後にある格差

タイ人はよく、「タイ人はいい人なんだ」、「タイ人はやさしいでしょ」、「タイはいい国だよね」と口にする。中には「タイ人の微笑は美しいでしょう？」といってくることもある。

思いだしてほしい。小学生のころ、教室や廊下に標語が貼られていたことを。「廊下を走ってはいけません」、「授業中は静かに」などの言葉があった。もし廊下を走る児童がいなければ、授業をみんなが静かに受けていれば、そんな言葉は貼りだされない。

そう。タイ人が自分たちを「いい人」、タイを「微笑みの国」と称するのも、彼らは実際そうではないことを根底では自覚しているからだ。

タイは治安がよくないものの地域差が大きく、外国人が行く場所はあまり事件が起こらない。そのため、旅行者の大半はタイの治安は良好と感じる。現実には日本では考えられないくらい残酷・残虐な事件も起こっている。タイは少なくとも日本よりずっと危ない。

そして、タイは貧富の差が激しい。タイ国家統計局が集計する地方ごとの平均世帯収入は、バンコクが圧倒的に高く、他地域の倍くらいある。首都なので所得が高いという単純な理由もあるし、ハイパー富裕層の多くがバンコクにいるからでもある。所得分布図を見ると、平均所得を稼いでいるのは全国民の一〇パーセントにも満たない。タイの平均所得を統計の数字から判断するのは、月に一〇〇万円を稼ぐ人と一円を稼ぐ人を並べて「ふたりは月収五〇万円もあるんですね」と解釈するようなものだ。貧困住民が一日一〇〇バーツ（約四〇〇円）を稼ぐことすら苦しいのに、かたやハイパー富裕層は一〇〇万円を湯水のように使っても、痛くもかゆくもない。これがタイの本当の姿でもある。

大昔からタイは富める者は常に持ち、それ以外の者はいつも搾取されてきた。教育の機会も収入も、さらには命さえ、だ。

二〇〇〇年代に入ってからの実話だが、生活のため仕方なく海賊版ＤＶＤを販売した母親が懲役刑を受けた同じ日、無免許で車を運転し、自らの過失で多数の死傷者を出しながらも現場でスマホをいじって救護活動も行わなかった富裕層の未成年少女には執行猶予がついた。このケースは裁判になっただけまだマシではあった。富裕層は昔から、富裕層以外の人々を奴隷のごとく扱い、殺しても刑務所に入ることはまずない。生殺与奪の権利は常に富裕層にあるのがタイだ。タイは資本主義とか民主主義以前に、「王国」である。特権階級がいることが当然で、すべての人が平等ではないという大前提が存在する。

そういった世界なので、タイ人の人間関係は極めてシビアだ。学校や職場の「あの人とこの人が仲がいい・悪い」といった次元ではなく、命のかかった人間関係がそこにある。富裕層と貧困層ならその格差は明確だし、富裕層同士にも上下関係がある。だから、大きなトラブルが起きないよう、「ワタシはアナタの敵ではありません」という意味でタイ人は微笑みを浮かべてきた。やさしさを表すものではなく、日本人でいうとおりすがりに軽く会釈するようなものなのだ。

人間関係がシビアなのでタイ人は処世術がうまく、本音をなかなか見せない。本当のタイ人の姿はそう簡単に知ることができないのだ。一見、南国の陽気な雰囲気に包まれなにも考えていないようにも見える。実際にそういう楽観主義者が多いのも事実でもある。しかし、タイ人の本質は実はものすごく深いところまで考えている、いい意味でも悪い意味でもクレバーな人種なのである。

# 第2章　日本なんて子どもレベルなタイの人間関係

## 公務員から理解する「王国」という社会

異様なほど対外的な心証を気にする日本人は、かつて欧米人が「日本人のはい・いいえはいっていることと思っていることが裏腹だ」と批判されれば、一所懸命に自省していた。他方、タイ人のイエス・ノーは幾重《いくえ》にも思惑《おもわく》があって、日本人の裏腹さがむしろ稚拙《ちせつ》に思えるほどだ。日本の場合は単に「はい」は「いいえ」、「いいえ」は「はい」と捉えておけばよいといっても過言ではないのだから。タイ人の微笑は世界中にやさしいタイ人気質を意味するものと思わせつつ、実際にはまったく違う。この点だけでもタイ人の心理はそう単純なものではないことを教えてくれる。タイ人の思考や戦略は複雑で、支配者に仕えなければならない人々は、そういった人間関係の危険さから身を守り平穏に生活する術《すべ》のひとつとして、微笑を身につけたのである。

タイには国王が、日本には天皇がいる。両国が似ている部分でもあり、一方では大きく異なる点でもある。タイ国王も政治に介入しない点などは天皇と同じであるが、これだけを見てタイ国王と天皇が同じような存在であると解釈すると、大きな落とし穴にはまってしまう。

タイは正式には「タイ王国」である。つまり、現国王と王室が治めている国だ。ネットの発達や若い人の考え方の変化、最も尊敬を集めていたプミポン・アドゥンヤデート王（ラマ9世王）の崩御《ほうぎょ》などでタイ人のマインドが昔とは変わりつつあるが、なんにせよ事実上、タイという国は国王陛下が所有し、国民は王の下で暮らしている。

このことを理解するためにちょうどいいのが、タイの公務員の立ち位置だ。日本の場合、公務員は国民の税金で給料をもらっているので、「国民に仕える者」と捉えられる。タイも税金から給料が支払われているものの、公務員本人も国民もみな、給料は国王からもらっていると認識している。

そもそもタイ語で公務員を指す「カーラーチャガーン」という単語を分解してみると、カーは使用人、召使いという意味がある。ラーチャガーンは公務だ。ラーチャガーンをさらに分解すると、ラーチャは国王、ガーンは仕事などを意味しており、国王の仕事と訳せる。あるいは、ラーチャガーンが国王そのものを指す。

つまり、カーラーチャガーンは「国王のために働く者」で、日本のように国民に仕える者ではない。日本や欧米の公務員とは顔を向けている方向がそもそも違うのだ。公的サービスの窓口に行ったときにひどい扱いを受けたり、偉そうな態度をとられたりなど、タイの公務員を不快に感じる人はタイ人、外国人問わず少なくない。タイ公務員にとって大切なのは国王や王室であって、国民は二の次、外国人はもっとどうでもいいのである。

タイの警察官が所持する拳銃はそれぞれ違う。タイ王国国家警察から支給される官制の拳銃はあるのだが、それを使わない裏事情が存在する。一般的には、タイは銃社会だからガンショップが国内にたくさんある、公務員割引制度があって警官は一般人よりも銃を安く買える、という事情から警官がかっこいい銃を持ちたくてそうしているとされる。しかし、真実は違うと、ある警察官が教えてくれた。

「支給される拳銃を万が一壊したり紛失したら、自分だけでなく直属の上司とその上の上司も処分の対象になるからだ」

支給拳銃はタイ警察や政府が与えてくれたものではなく、国王が授《さず》けてくれたものである。

徴兵クジ引き会場で息子が徴兵確定してしまい涙する母親。

そんな支給品を失くすことは、タイ公務員なら一番やってはならないことだ。だから、盗まれても失くしても誤魔化せるよう、警察官は個人所有の拳銃を使うというのである。

　毎年四月のタイ旧正月直前、タイ王国軍は徴兵制度の採用検査を実施する（状況によるが二四年から徴兵そのものが廃止の予定）。二一歳から三〇歳くらいまでに徴兵検査を受け、志願もしくはクジ引きで兵役に二年間就《つ》く。クジは赤を引くとその紙に書いてある陸・海・空のいずれかの軍に入隊し、黒であれば免除だ。稼ぎ頭となる男子を国に持っていかれるので生活に支障をきたす世帯もあって、クジ引き会場は毎年、悲愴な様相を呈する。この様子は日本のメディアでも報道されるので、見たことがある人もいるかもしれない。ところが、現場では報道とは違った場面も目にする。それは笑顔の母親がいることだ。そんな母親に話を聞いてみると、

「うちは息子ばかり四人よ。ひとりくらい兵役に就いたっていいじゃない。王様のために働けるなんてむしろ名誉だわ」

という。タイは南部で爆弾テロが多発するため陸軍が警戒にあたり、カンボジアやミャンマーとはときに国境線で小競《こぜ》りあいが起きる。ただ、こういった時代なのでこれらは小康状態だし、タイがどこかの戦争に派兵しているわけでもない。危険な職業ではあるが、殉職する確率は低くなった。だから安心して送りだせ、しかも直接国王に仕えることができるので、親にとっては名誉であるのだ。

## タイに横たわる見えない階級社会

近年はだいぶクリーンになったが、日本よりもまだまだ機会があるのが警察に対する袖の下、つまり賄賂《わいろ》だ。たとえば交通違反ではその場で一〇〇バーツくらい払えば見逃してもらえる。これは違反者にとってもいいシステムだ。本来、違反をすると切符を切られて免許証

を取りあげられ、その警官が管轄署に戻るタイミングを見計らって出頭し、罰金を払えば免許証が返ってくる。警官がいつ帰るかわからないし、正規の罰金は五〇〇バーツ（約二〇〇〇円）が相場だ。自宅近くならともかく出先で捕まった場合、警官を待ってはいられない。だから、その場で賄賂を払った方がいろいろな点で楽なのだ。

　ただ、タイ人も誤解しているが、実はその賄賂は警官の懐《ふところ》に入っていない。多少は入れるだろうが、ほとんどは上司に上納されている。集められた賄賂はさらにその上司に、その上司もまたさらに上に……と渡っていく。最終的にトップに届くわけだが、トップはトップでいろいろな根まわしにこの莫大な金を使う。要するに、上納金は士官学校を出ている幹部たちの人事異動や出世競争に使われているのだ。中堅の時期には、歓楽街があって賄賂を飲食店などからも徴収できるエリアに配属してもらい、さらに大きな金額を上納することでより上へ昇進できる。

　出世すれば権力が手に入る。日本人が公務員を目指す場合、多くが安定を求めてだ。タイでも安定を求めてという人はいるが、真逆といえる真の野心家も特に公務員を目指す。その中で最も強い権力が手に入る軍隊がベストで、警察はその次だ。タイでは士官学校に入学することがその道のファーストステップになる。軍隊で上に立てば武力を背景にした権力が手

タイ最大のスラム、クロントーイ・スラムの一部。

に入る。

タイでは昔から金持ちもまた権力を持ってきた。企業経営者や政治家として経済力を持つことで軍人とは違う形の権力者となり、同時に富裕層は軍幹部のスポンサーになる。タイではこういった権力者たちが互いに持ちつ持たれつで今日まで歩んできた。国王と王室、そしてその下にいる権力者たちだけがタイを動かしてきたといっていい。

インドのようなカースト制があるわけではない。しかし、見えない階級社会、経済力の壁がタイ社会には存在する。たとえば、飲食店も富裕層のための店、一般中流層が行く店、低所得者層向けの店があり、どの客層も交わることはまずない。我々外国人はその階級制度の外側にいるのですべての店に行けるが、タイ人が自ら場違いな店に足を運ぶことはない。

　タイもネットが普及しバンコクと地方の情報格差がだいぶ縮まったものの、このような経済格差はいまだに大きい。タイ国家統計局の資料によれば、二一年度の世帯収入は全土平均で二万七三五二バーツ（約一一万円）だ。地方ごとではまずバンコク都と近隣三県の平均は約三・九万バーツ（約一五万円）、東北と北部はだいたい二・一万バーツ（約八万円）、そして南部はゴム畑やビーチリゾートなどの観光産業といった収入源が多いので二・六万バーツくらい（一〇万円超）になっている。これはあくまでも平均値で、県別では平均所得が二万バーツに満たないところや、バンコクの半分以下のところもある。月々の収入がバンコクと低い県では八万円以上も違うわけだ。

　経済格差は、同統計局が公開している大雑把な所得分布図でも計り知ることができる。タイ全土には二万バーツ以上を稼ぐ世帯はわずか一一・八パーセントしかいない。二万バーツ以上という分け方だと平均に届かない層も含むので、実質的には九割超の国民が平均月収すら稼げていない。これがタイという国の現実だ。数値は世帯の収入なので、共働きが多いと考えると、核家族世帯なら就労者がなおのこと平均値すら稼げていない実態が見えてくる。

　経済的権力者は富裕層、武力的権力者は軍や警察関係者で、権力者たちはみなライバルではあるものの、互いの権力をその他の九割に渡らせないように共に手を組み、あらゆる事柄を支配する。仮に富裕層が公衆の面前で故意に殺人を犯しても有罪になることはないだろう。司法だって権力者の手の中にあるからだ。

一例をあげると、ベトナムでは運転時にクラクションを多用するが、タイでは同じくらい運転マナーが悪いにもかかわらずクラクションをほとんど使わない。これは、運転時の外見だけでは相手が誰だかわからないからだ。もし相手が一般人、あるいはマフィアであったらまだいい。だが権力者本人やその家族だったら、殺されることだってある。タイはこのように街中を歩くだけでも人間関係がシビアで危ないのだ。

## 権力者を一瞬で見抜く嗅覚

タイには経済的権力者と武力的権力者がいて、その両方の力を持つのが国王だ。現在のタイはチャクリー王朝と呼ばれ、現国王は一〇代目にあたる。江戸時代のころに繁栄したアユタヤ王朝が隣国のビルマ軍に滅ぼされ、現在のチャオプラヤ川西岸にトンブリー王朝が誕生した。しかし、わずかな年数でその王が乱心し、家来だった現王朝の初代国王が処刑を行い、現在エメラルド寺院や涅槃像があるワット・ポー辺りに都を置いたのが現王朝のはじまりだ。これが一七八二年のことなので、現王朝はすでに二五〇年近くの歴史がある。

　タイのどの王朝の国王も、中世欧州の国々の王のように、あるいは日本の戦国時代の武将のように、立場を巧みに利用して王として君臨することに成功した。アユタヤ王朝時代も国王や政治家たちの根まわしや駆け引きは天才的だ。遠藤周作の小説『王国への道―山田長政―』を読んでみてほしい。アユタヤ王朝のタイ人が巧みに人を操る様子が描かれている。さらに、タイは第二次世界大戦で日本と同盟を組みながらも連合国側とつながりを持ち、日本が負けるとわかるや、すぐさま連合国側に寝返った。タイ人は外交に関してテクニシャンで、前述したはい・いいえの単純な裏腹さしか持たない日本人は太刀打《たちう》ちできない。

　こういう権力を持ったタイ人のしたたかさは、現代でも一般タイ人をコントロールする源泉になっている気がする。というのは、タイ国内で教育を受けた人と海外留学をした人では考え方がまったく違うからだ。

　一四年五月にはじまった政権はクーデターで樹立した軍事政権だった。このクーデターの前の半年間くらい、保守派が反政府活動の一環としてバンコク各地を封鎖して座りこみをしていた。近々の政治問題の中で「保守派」というと、それは経済的権力を持つ富裕層の派閥

2014年の保守派による数か月におよんだ座り込みの様子。

だ。この座りこみは経済活動を停滞させるだけの無意味な行動だったのは客観的に見れば明らか。しかし、タイの現役大学生、タイの大学を出た高学歴タイ人はこの抗議行動の主導者を支持していた。一方、海外の大学を出たタイ人はほぼすべての人が支持・不支持以前に、座りこみのバカさ加減にあきれていた。

　こういった違いが生まれるのはすべて、権力者たちが未来永劫《えいごう》、富と権力を自分たち一族に継がせるため、幼稚園・小学校の初等教育から大学の高等教育までをコントロールしているからではないかとボクは疑っている。

新型コロナウイルスのパンデミックにおいても、タイ政府は日本と違い、違反者には逮捕したり刑事罰を与えるくらいの強硬策を打ちだしてきた。これは単に非常事態宣言下というだけでなく、一般市民が習慣と教育によって「上には黙って従う」ことがあたりまえになっているからこそ成り立っていた。

がんばって働いて富裕層に負けない所得や資産を持てばいいという考えもあろう。しかし、タイの格差は経済面にとどまらず、教育やあらゆる面で大きなものであり、貧しい人が大逆転を狙うことは難しい。仮にできても、富裕層が仲間に入れてくれない。

タイ人はファミリーネームを重要視する。日本で反社会勢力のどこそこ系だとかなんとか組と名前を聞いても、普通の人はピンとこない。しかし、裏社会ネタが好きな人は何系の組か聞けばどういう組織なのかわかる。それと非常に似た感じで、タイでは農民でさえ富裕層の苗字を聞いただけで、どういった家系であるかを知っている。名もない姓を持つ人が突然なんのコネもなく富裕層が出入りするビジネスの世界に飛び込んだところで、誰も相手にしてくれない。タイで無名の人物が這《は》いあがることはまずないのだ。

だから、一般層にチャンスがあるとすれば軍や警察の士官学校を出て、上に登ることなのだ。大将クラスになると結局はファミリーネームが関係してくるものの、無名でもある程度の地位までならチャンスはある。しかし、士官になっても若いときは上官に賄賂を渡し、おぼえをよくしてもらわなければならない。同時に、うまいことやりすぎてもいけない。自分の座を奪われると上官が懸念すれば、たちまち地方に飛ばされるか、存在そのものを消される。今現在のように不安定な時期は政治的な時世も関係する。首相が変われば軍や警察の長ががらっと一新されてしまうからだ。派閥によっては、これまでの上納金は水の泡となる。ただ、そこをうまく立ちまわれば、何十年かのちに上層部にたどりつくことはできるかもしれない。これは何十年間も毎日ジャンケンで勝ち続けるのと同じくらい、運と実力が必要だ。

　こういったシビアさはなにも権力者間だけのことではない。一般タイ人も街中を歩くとき、企業で働くときに相手の持つ権力・権限の度あいや地位を推しはかり、かつ利用するため、人間関係を俯瞰的に把握する能力がある。日系企業駐在員が赴任してくれば、その人物がどれくらいの決裁権を持ち、タイ支社内でどれほどの影響力があるのかを数日で見抜く。大したことがないというレッテルを貼られたら、残念ながらタイ人はその駐在員の命令や指示を受け流すようになってしまう。

　さすがに一般社員クラスでは命の取りあいまでは起きないが、軍などの強大な権力を得るにはそれもある。財閥同士でも経済的な競争から恨みつらみが生じる。表では笑っていても、裏では睨《にら》みつけ、舌を出しているのはよくあることだ。タイ人権力者たちは常日頃から海千《うみせん》山千《やません》で深いところまで読んで争っているので、日本人の裏腹さなんてかわいいものである。

# 第3章　所得水準が人間の価値を意味するタイ

## 稼ぐことに対してよくも悪くもストレートなタイ人

タイ人は日本人よりも稼ぐことに向きあっている。タイでは友人などに給料がいくらなのかを普通に聞く。相手の懐を探るというより、自分もできるだけいい給料のところに移りたいからだ。

思うに、日本では若者間で自身のスキルに対する相場・価値水準が共有されていない。東南アジアでは若者同士の会話で、こういったスキルがあれば欧米企業はこれくらい、日系企業はこんな収入、韓国企業ならこうだと情報交換し、社会的に相場が存在している。自分の価値が数字で可視化され、自分に見あった給与を要求するし、その企業では実現しないとわかるやあっさり転職する。

こういった相場観は経済格差がありすぎるゆえ、夢を語るよりも目の前の生活を優先せざるをえない結果として生じている。日本のように今がんばって来年の給料アップを狙うのではなく、今のスキルを今できるだけ高く買ってもらうことで、なんとか生き延びたいと考えるからだ。

タイには格差がありすぎて、同じ国に住んでいながら見えている景色が人それぞれまったく違う。富める者はなんでも自由で、貧しき者は日々の糧《かて》を得るだけでも必死だ。残酷なのは、日本や欧米なら貧しくても社会に貢献して尊敬される人はいるが、タイでは貧しければ社会的にも劣っているとみなされることだ。現金や資産がものをいい、人々はいつも金に振りまわされる。それがタイの日常である。

生きるためには金がいる。どんな夢を語ろうが、突きつめれば富への憧れだ。日本人は夢を金銭に絡めて語ることがあまりない。経営者も「金がほしいから経営しているのです」とストレートにいわない。オリンピック選手やサッカーの代表選手は国から報奨金が出る。誰も無報酬で代表を務めるわけではない。日本と違い、タイはその金額がわりとオープンだ。好成績を収めれば国からいくら出て、一般企業から祝い金がいくらもらえる、と大会後はだ

東北部の村にて、裸足で遊ぶ子どもたち。数年後には早くもタイ社会の厳しさを知ることになるだろう。

いたい金額の話題になる。国民の興味であり、「活躍したのだからもらえてあたりまえ」という社会通念もあって、むしろスポーツ全体が盛りあがるきっかけにすらなる。よくいえばタイ人は金に向きあっているし、格好つけることなく稼ぐことに正直で貪欲だ。その点はタイ人が日本人よりもずっと素直で純粋な部分である。

## 命ですらプライスレスではない

ただ、当然の帰結として、金銭に執着するあまりにないがしろになっているものも少なくない。顕著なのが人の命、あるいは尊厳だ。

緊急搬送された病人や負傷者は、病院に入る前の受付で保険かクレジットカードの有無をチェックされる。タイでは会社で働いていると社会保険に加入する。病院指定の保険証が発行され、その病院ではほぼ無料で治療を受けられる。国立病院ではこのカードがないとどんなに重症でも治療を拒否されるのだ。私立病院では民間保険かクレジットカード、現金の有無が確認され、なければ追い払われる。日本も無料で治療できるわけではないにしても、ひとまずは人命を優先するだろう。しかし、タイにその考え方はない。

　タイ人の対外的なイメージは温厚で他人にもやさしい。一部事実ではあるものの、全般的には真逆といってもいい。タイの玄関口である空港からすでに詐欺師が跋扈《ばっこ》し、タクシーのボッタクリも容赦《ようしゃ》ない。ホテルや観光施設周辺も悪い人ばかり。タイの評判が地に落ちようと、彼らは気にしない。外国人ならタイのことがわからないからと、セコい手段で詐欺を行うのは、タイ人の多くが敬虔な仏教徒だからこそ起こることだとボクは見ている。というのは、悪いことをしても寺に参拝すればチャラになると思っている節がタイ人にはあるからだ。休みの日に一所懸命、寺で手を合わせる悪者は少なくない。

　あるタイ人有名歌手が飲酒運転を繰り返し、案の定事故を起こして人を死なせてしまった。しかし、彼は賠償金を支払い、寺に出家して反省する様子を見せ、結局起訴すらされなかっ

近年のタイ仏教はちょっとよくない。許可を取っているとは思えないオブジェでお布施を暗に要求している。

た。賠償金も数百万円といったレベルで、彼にとっては大した額ではない。遺族は低所得層だったので彼らとしては高額をもらえた、という絶妙なラインの額で解決してしまった。

近年はタイも不景気といわれ、宵《よい》越《ご》しの金を持たないタイ人もさすがに財布の紐を締めている。このあおりを真っ先に受けるのが寺院だ。そのためか、最近はタイの寺院も地に落ちたもので、向こうから布《ふ》施《せ》や喜《き》捨《しゃ》の要求をしてくるようになった。ボクが二〇バーツ札（紙幣の最小額面）を置こうものなら一〇〇バーツ札以上だと指定してくるほどだ。寺院も運営費用が必要なのはわかるが、僧侶がそれをいいだしたらおしまいだとボクは思ってしまう。

寺院でさえこんな状況なので、なおさら人は金の亡者となり、生きる人の尊さを無視するようになる。そもそもタイでは昔から人の命が軽く受け止められている。王国の権力者とそれ以外の国民のうち、それ以外の国民の命はなお軽い。

車の保険を見てもそれがわかる。タイの自動車保険も日本と同様に自賠責保険（いわゆる強制保険）と任意保険がある。自賠責保険は対人のみだ。運転者に過失がない場合にのみ総額で最高五〇万バーツ（約二〇〇万円）が死亡者に支払われる。負傷者には二〇万から五〇万バーツが最大総額だ。ただ、運転者に過失があった場合は支払総額は一〇分の一くらいになってしまうし、実際のところ過失のない支払い事由なんてそうないだろうから、基本的には機能していないのではないかと疑う。実際、ボク自身も車を保有しているが、自賠責保険を使ったことは一度もない。

一方、任意保険は契約内容によるものの、補償内容は死亡者には五〇万バーツ、負傷者に五万バーツ（約二〇万円）、対物は最大で二五〇万バーツ（約一〇〇〇万円）が一般的な内容になる。大手保険会社でもっと高額の保険料をかければ、対物五〇〇万バーツ（約二〇〇〇万円）、死亡者はひとり三〇〇万バーツ（約一二〇〇万円）、ただし最大総額一〇〇〇万バーツ（約四〇〇〇万円）が支払われる契約内容もある。契約次第もしくは保険の等級次第で安い保険もあり、必然的に先の内容よりももっと薄っぺらになる。

むしろ任意は入っているならマシで、無保険車もタイは少なくない。いずれにしても、死者に対する限度額が対物より低く（ただし対物は総額表示が多い）、どう考えても命が安い。日本なら対人、対物共に無制限の設定もあるが、タイには基本的にはその設定自体すらない。タイにおいては、人間の命はプライスレスではないのだ。

## 共有できるバックボーンが希薄ゆえの利己主義

タイ人は南国気質で、なんでもかんでも「マイペンライ」（気にしない、大丈夫）の精神で楽観的に片づけるおおらかさが実際にあった。しかし、タイも近年は生きづらい国になってきていて、思うように稼げない人、夢に描いたように生きられない人の中には自殺者も増えてきた。タイ保健省が発表した一九年のタイ国内自殺者数は四四一九人だった。人口一〇万人あたりでは六・六四人となる。世界保健機関（ＷＨＯ）がまとめた一六年の数字では一四・四人とさらにその数が跳ねあがる。

この数は東南アジアでもトップで、日本より少ないとはいえ十分にタイ人気質のイメージを変えてしまう数値であろう。これまでも衝動的に自殺するタイ人は少なくなかった。恋人とケンカをしただけで高層アパートから身を投げたり、ボクの知人にも夫との口論の末に首を括った人がいる。それに加えて、近年は金銭的なトラブルなどによる自殺もあとを絶たなくなってきた。

　金儲けに走るあまりに人間をないがしろにする人が増えていることも要因だが、タイ人の死生観はもともと日本人とは大きく違っている部分もある。タイは多民族国家で、最も多い民族はタイ族である（正確にはタイ・ノーイ族という）。このタイ族は墓を持たない。タイ族は葬儀がおわると火葬し、遺骨は散骨するか寺院に預けてしまう。墓参りの習慣もない。

　タイ族は仏教徒が多い。タイ人が寺院に行くのは、来世で極楽浄土に行く、あるいはまた人間界に生まれ変わることを望んでいるからだ。そのため、死んでしまったあとの肉体、すなわち魂の器は火葬したらおしまい。そんな捉え方なのではないか。このあたりの考え方が日本の仏教、あるいは日本人の一般的な死生観と違い、ともすれば死、すなわち人の命が軽く見られがちになるのではないかとボクは思う。

　多民族という事情だけでなく地域性も関係し、タイではすべての人が共有するなにかが決

タイの葬儀。日本のように重苦しくなく、わりと明るい感じなのはやはり死生観が違うからか。

定的に希薄なのも、死生観が違う一因だと思う。日本だとある程度の水準の教育が全土に普及しており、日本人にはだいたい共通した考え方や習慣がある。簡単にいえば、共有するバックグラウンド、バックボーンが存在する。タイの場合、北部にいる山岳少数民族はそれぞれが独立した集落に暮らすので、共有するものが希薄なのはわかる。ただほかの地域で、たとえば漢族として同じに見える中華系タイ人でも、広東省出身者、福建ルーツといった違いがある。バンコク都内でさえ地域によって公立校の教育水準すら大きな差がある国なので、民族間だけでなく個人間でも共有するものが少なく、バックに持つ常識がそれぞれ違うのは当然だ。そして、互いにわかりあえないので、人それぞれが自分の信条や感情に従い、タイ人は自分が一番大切という利己主義の傾向に入っていく。

こういった背景が違う人々が円満に暮らすには、互いに干渉しないことが一番ではあるが、当然ながら人はひとりでは生きていけない。そんなとき、信頼できる人間関係の最小単位は家族になる。血のつながった家族、そして親族だ。タイ人は全般的に家族を大切にする。それには愛情もあるにしても、現実的にはこういった多民族国家ならではの事情もひとつにあるとボクは思う。特に経済規模の大きなビジネスを行う富裕層はその傾向が強い。

## シンデレラストーリーは存在しない

タイは現王朝が一八〇〇年ごろに興《おこ》った当初から中国系移民が多かったが、タイ華人が経済的な権力を握りはじめたのは戦後のことだ。タイ財閥の歴史はまだそれほど長くはないので、この短い間に巨万の富を築きあげた人々にはそれなりの苦難もあったことだろう。騙し騙されの繰り返しで、信頼できるのは家族だけだと感じたに違いない。

タイ初の女性首相になったインラック・チナワットさんは、今のタイの政情不安の元凶ともいえるタクシン・チナワット氏の実妹である。彼女は結婚していて子どももいるが、少なくとも在任時は夫の姓を名乗らず、チナワットのままだった。これはおそらくチナワット家の姓を重視したからだろう。

タイの富裕層はファミリーの絆が強固なため、逆に外部を一切信用しない傾向にある。身内以外は人と思わない。そんな様子がうかがえる。中流層の家族はそんなことはない。そこにはタイ人らしいおおらかさもあって、婚姻などでそのファミリーに加わってもしっかりと受け入れてくれる。

特に家系を大切にする富裕層の結婚というのもまたシビアな社会関係があって、経済的な階層の壁を越えての婚姻はまずありえない。外国人ならまだありうるが、タイ人同士では絶対にない。タイ社会の暗黙の了解的な経済カーストがあるからだ。これを表すいい例がテレビドラマだ。だいたい主役の男女が最初はいがみあって、最後にくっつくというのが定番プロットになっている。しかも、ベースはいつも富裕層同士の恋愛話だ。豪華な家、車、職場が映り、それらを観る中間層は恍惚《こうこつ》とする。

低所得者層のリアルな生活を舞台にしたら夢なんか見られない。現実世界でも、富裕層にしか夢を追いかける余裕がない。たとえば、タイではスポーツをしたり芸術を嗜《たしな》んだり、芸能人になるのはほとんどが富裕層の子どもたちだ。監督や脚本家も同じ。一切交流のない下層の生活を彼らは知らないのだから、それを描くことができないともいえる。通う飲食店やライフスタイル、受けてきた教育水準も違うので、富裕層と貧困層が交流することはおろか、会話すら噛みあわない。だから、タイでは富裕層と低所得者層がくっつく玉の輿《こし》、逆玉といったシンデレラストーリーは存在しない。

現実にも富裕層あるいは権力者に有利な事柄が多い。たとえば、タイにも海外留学希望者に奨学金支給という制度がある。普通に考えれば中間層や貧困層の学業優秀生が利用するべきだが、実際は違う。ある意味では中間層かもしれないが、地方出身の権力者（たとえば村や郡の長や中小企業の幹部など）の子息がこれを利用するケースばかりだと日本留学経験者がいっていた。制度の情報発信や審査をするのが結局そのクラスの人たちだからだ。

二〇〇六年から一四年まではタクシン元首相を支持する「赤組」と、タクシンに既得権益を奪われるとおそれたハイパー富裕層を中心にした保守派の「黄色組」の争いがあった。まるでスポーツのように両派閥がそれぞれの色のシャツを着て集会をしていたので、そう呼ばれていたのだ。この最も不安定だった八年間に何度か選挙が行われたものの、毎回タクシン派が勝ってしまう。タクシンは在任中に低所得者向けの保険や政策をいくつも実現し、支持者層を広げた。所得分布では富裕層のほとんどが富を占有しているが、逆にいえば頭数はそれ以外の人が多いのだから、選挙をすれば保守派は勝てない。

ハイパー富裕層は中流階級、低所得者層の人々が選挙権を持つこと自体が許せない。富裕層にとっては使い捨ての人たちだ。彼らが邪魔をするから選挙にも勝てない。保守派からすれば、全部タクシンと選挙権を持つ経済弱者のせいというわけだ。これが富裕層の本音である。極論をいえば、タイでは経済弱者は人間としても認めないのが権力者たちの考えなのだ。これはボクの作った大袈裟な話ではなく、タイで暮らす中で実際に目の前で起こっていたことである。所得格差が大きく、それがそのまま人間の価値になる。これが等身大のタイの姿なのだ。

# 第4章　「内」と「外」をシビアに区別するやさしいタイ人気質

## タイ人の意味は自由人、それとも立派な人？

タイ語で「コン・タイ」とはタイ人のことだ。

「タイ」は自由を意味するとされる。コン・タイは自由な人であり、その精神は今もタイ人の根底に刻まれている。タイ人の基本的な気質は、個人の自由や意志を尊重し、やりたいことを制限されることを非常に嫌う。自分の自由を守るためもあって、他人の行動などに基本的にはとやかくいわない傾向にある。あくまでも基本姿勢で、現実はやや異なるけれども。

ただ、「タイ」の由来は諸説ある。もうひとつの有力説は中国語の大（だい）が訛《なま》ったもので、漢字で書けば「大人」が語源であるとされる。立派な人といった意味で、いずれにしても「タイ」には壮大な意味が込められているようだ。

タイは多民族国家だ。国籍保有者としてのタイ人、民族としてのタイ人、タイで生まれてもいない人、タイ語を話せないタイ人だっている。しかし、これらほぼすべての人の根幹に流れるのが、自由に生き、自由に考えることだ。日本人もタイにいると他人の目を気にせず自由に生きられる。この懐の深さもまたタイの大きな魅力なのだ。

人種あるいは民族としてのタイ人は、外国人が一般的にイメージする東南アジアの人——肌が褐色《かっしょく》で小柄といった特徴を持つ。タイ族にもいろいろあり、主要なタイ族は「タイ・ノーイ族」と呼ばれる。このほかタイやミャンマー、中国雲南《うんなん》省などにいる「タイ・ヤイ族」、タイ東北部や隣国のラオスを中心に暮らす「ラオ族」などがいる。共通するのはタイ語の系統に属する言語を話す民族だという点で、民族移動の中で分かれていったとされる。

総称的なタイ族の起源も諸説ある。アルタイ山脈——モンゴルやカザフスタンの辺りから東南アジアに移動してきた説、先史時代の遺跡で発掘された人骨から今のタイ国内に起源がある説、インドネシアなどの島から来た説、台湾辺りから来た説などいろいろだ。どれが実際のところかまだ解明されていない。

国としてのタイは、大陸ゆえの民族移動、大昔から国際貿易の重要拠点だったことなどもあって、必然的に多民族国になった。さらに現王朝の政府が「大タイ民族主義」という、タイ・ノーイ族だけでなくマレー系や中華系、ラオ族、山岳少数民族など、タイ国内にいる人をみなタイ人にしてしまおうという同化政策を採ってきたことも大きい。七〇年代なら日本人でさえ居住ビザを取得するとほぼイコールで永住権獲得だったし、わりと最近まで日本人女性はタイ人男性と結婚すると自動的にタイ国籍まで付与された。このように、タイに居住する民族の中のひとつに過ぎないタイ族にクローズアップするだけでもその内幕は複雑だ。

ただ、一般的にタイ人が「タイ人」というときにはタイ族ではなく、国籍保有のタイ人を指す。会話でタイ族を指す場合は前置きが必要なくらいだ。これはタイ政府の大タイ民族主義が浸透した成果で、普段タイ人は多民族国家であることを意識していない。タイ人は肌が同じように褐色のラオス、カンボジア、ベトナム人とタイ人の見分けがつくかというと、これが案外そうでもない。そこまで注意深く観察もしていない。外見ではわかりにくいうえに、タイ国内にさえ共通した文化的背景などがないので、日本人が韓国人や中国人をぱっと見である程度見分けられるのとは異なり、近隣諸国の似たような人を見分けられない。というより、見分けることをしてこなかったので、できないのだろう。

アメリカのような国で民族や人種を語るときには細心の注意が必要だが、結局のところ、タイではそこまで深く考えている一般人はいない。日本も部落差別が今なお残るがメディアではあまり語られないこともあって、差別がない地域の人はその地域出身者を差別することは少ない。これと似ていて、タイ人も日常生活ではそこまで民族などのカテゴリー分けを考えていないので、タイ人はタイ人、と思っているに過ぎない。

## とにかく家族だけが信頼できる存在だが……

タイ人は利己主義で、欲望に忠実だ。富裕層同士は政治騒乱の中で保守派として一致団結するが、裏では相手を出し抜こうと画策する。そんな社会で信用・信頼できるのは家族だけになる。だから、タイ人は家族や親族といった身内を大切にする。

親が子を育て、子は親に感謝するのがタイだ。日本語だと何代か下の子孫、何親等か先の親戚に対して関係性を表す単語が多い。一方で祖父母は母方や父方とつけないと、どっちを指すかわからない。タイ語は祖父母それぞれに違う呼び方があり、会話ですぐに関係性がわかる。他方、孫は「ラーン」というひと言で、甥や姪もラーンだ。だから、それだけでは誰の子どもかすらわからない。このあたりからも、タイは目上を大切にする文化と関係性があるとわかる。

富裕層にとっても親は絶対的な存在で、子は基本的に親に逆らうことは許されない。ただしこの場合は家族を養い、たくさんの部下を抱えていることから、威厳もあって尊敬もされるので、ゆがんだ関係性ということではない。しかし、貧困層や農民の家系では親を大切にする習慣が若者の足かせになっている。貧困と過労で、タイの農民は遅くとも四〇代にはリタイヤする。子が養ってくれることが大前提で、無理に働かない。場合によっては、末っ子はまだ幼く、年長の子が働くことになる。東北地方だと大概が一〇代――最近は減ったが小卒程度の年齢で働きはじめるため学歴も低く、稼ぎのいい仕事に就くことはできない。それでも大家族を養う必要があって、自分を犠牲にするしかなくなる。売春や違法薬物売買に手を染めることもある。こうして若い世代が貧困から脱することのできない悪循環に陥る。

しかし、悪循環といっても当事者にとってはこれが代々続いてきたことなので、あたりまえでしかない。子は無理して仕送りをしていてもそれが義務であると考え、親側は権利としてそれを受ける。貧困層においては、出産は労働力の確保でもある。親世代は、子どもが働きに出られるようになったら働くのは当然だし、自分もそうしてきた、というわけだ。学校に行って未来の収入をアップさせるよりも、今、目の前の数百円が大切なのだ。

夕方のチャオプラヤ川。タイ語で川は「メー・ナーム」と呼ばれる。母なる川という意味で、やっぱりここでも出てくるのは母という単語だ。

親も悪意があるわけではない。子も子で、自分を犠牲にして親を養うことに対して疑問がないどころか、親を守っているという誇りすら持っている。普通の家族関係ならそれでもかまわない。だが、特に水商売や性風俗産業で働く女性の実家を見ると、学歴もない子がそこそこの会社員並みに稼いでくることに対して親が疑問を持たないことに、ボクは疑問を感じる。子はさすがに売春をしていることを親には隠し、親は水商売や売春をしているだろうことを見て見ぬふりをしている。それでも子は親を誤魔化せていると思い、せっせと仕送りをする。ひどい世帯や地域だと、親が追加の仕送りを要求し、親類や近所の大人たちまでがその子に群がって金を求める。自分さえよければいい。これはある種、家族も近隣住民もみんなが「仲間」であり、仲間内が得た利益を平等に分けるのは当然という、タイ式個人主義ともいえよう。

そもそもタイは仏教の教えもあって、全般にボランティア精神が強い。同時に電車で見かける席の譲りあいの例のように、受ける側も素直に譲ってもらう精神がある。タイ語で「住む」などは「アーサイ」というのだが、これは依存するといった意味もある。つまるところ、タイ人は施《ほどこ》しの精神が高いのと同時に、施しを受けることにも遠慮などがない。日本人だと頼りきりは恥とするだろう。タイではそこにためらいがない。社会的にも、施される側の権利というか事情が暗黙的に承知され、それを恥ずかしいものとはしないせいもあって、より遠慮のいらない仲間内にはたかってしまうという面がある。

うがった見方をすれば、これもタイの権力者たちの策略だ。当事者たちにこのような家族の縛りが貧困を脱せない原因のひとつであることを認識させず、疑問を持たせないことで、富裕層は自身のビジネスと家族を守っている。

悪いいい方をすれば、知らないのもまた幸せともいえる。子は親を愛し、援助することに疑問を抱かない。そして、いつも故郷を想っている。あくまでも一時的に身を犠牲にしているだけで、自分もいつか子どもたちに養ってもらうのだから。中にはそれに耐えられず、麻薬に溺れて中毒者になったり逮捕されることもある。願わくば、彼・彼女らのそういった経験から、その子どもたちがそんなひどい環境で自身を犠牲にしないように努めてもらいたいところだ。しかし、現実にはタイでは格差の下層にいる人たちが上にあがることは難しく、世代を超えて延々と同じことが繰り返されるのである。

## タイ人は本当に信心深い仏教徒ばかりなのか

タイ人はよく金の話をしている。そこだけ汲《く》みとるとタイ人が拝金主義者に思える。しかし、金を貯めこまないので世界的な恐慌の際も内需は早くに回復し、臨時収入があれば友人に奢《おご》り、家族や信頼できる仲間に惜しげもなく金を使う。富裕層であれ低所得者であれ、最後に自分のことを守ってくれるのは家族や信頼できる身内であることをタイ人はよく知っていて、ちゃんと利益を落とすべきところに落とす。そういったやさしさが感じられるから、金儲けばかりに向かうタイ人もどこか憎めない。

タイ人も悩みが多い。大人の悩みは大概、金銭問題か人間関係に集約される。タイは格差

夕方６時に国旗降納に合わせて整列をする人々。

社会で、昔から続く富裕層以外は金銭的な社会の縛りから自由になることができない。そんなときに心の平穏を与えてくれるのが宗教だ。特にタイでは仏教が社会をうまく取りまとめてきた。

　タイ仏教は上座部というものに分類され、仏教の中では最古の宗派にあたる。タイでは仏教が生活や文化の根底をなしており、タイ人の人のよさを形成する理由のひとつでもある。ただ、必ずしもすべてのタイ人が敬虔な仏教徒ではない。仏教を信仰する者はほとんどが信仰心に厚いものの、敬虔かといわれると微妙なところだ。

　さらに、タイは信仰の自由が認められているので、ほかにも宗教がある。仏教の次に大きいのはイスラム教だ。信徒の大半は南部にいる。全土にムスリムのコミュニティーがあるが、宗派や信仰心は地域差がある。南部ムスリムはマレーシアを経由して中東からダイレクトに伝来したとされ、断食などの儀式や食べるものも教典に忠実だ。キリスト教徒もいて、ボクの印象では北部や東北の貧困層に多い。欧米の慈善団体がキリスト教系で、支援と同時に布教活動をした結果である。

仏教がタイに伝来したのは日本よりも遅い。日本は諸説あるが五世紀から六世紀ごろとされ、タイはスコータイ王朝の時代なので西暦一三〇〇年前後に伝わってきた。アジア圏の仏教はどこも伝来以前からその地域に存在する精霊信仰（アニミズム）と習合している。日本も神道にアニミズム的要素が多いので同じようなものだ。ただ、タイは日本と違って神仏分離がなく、かつ習合の具合がかなり強いため、ミャンマーなどの上座部ともまったく違うタイ独特の「タイ仏教」として今に続いている。

タイの精霊信仰は「ピー信仰」とも呼ばれる。ピーは幽霊や心霊現象、神、精霊といった幅広い意味あいを持つタイ語で、神道同様に八百万《やおよろず》の神として森羅万象すべてに神や精霊が宿っているとされる。これが仏教と絶妙に絡みあって、タイ人とタイ仏教は切っても切れない関係にある。

タイ文化や生活習慣を作りだした要因としては、仏教というよりはむしろピー信仰の方が強いと感じる。生活の中に仏教と精霊信仰が一緒くたになって根づいているのがタイ文化だが、どちらかというと精霊信仰の名残が多く、そのためすべての人が敬虔な仏教徒かというと、ちょっと語弊がある気がする。

いずれにしても、宗教的な習慣などが生活に密接なところは日本と大きく違う。それもあって、タイにおける僧侶の社会的な地位は高い。電車やバスには僧侶の優先席があり、老人や身体が不自由な人、妊婦らよりも優先して席を譲るべきとされている。ただ、悪い僧侶もいるし、袈裟《けさ》をまとって僧侶のふりをする詐欺師もいる。女性と関係を持ったり、不当な資産を保有することもあって、マスコミやインターネット上で取りあげられて大炎上の末、強制的に還俗《げんぞく》させられた例もある。こういう事件を見るたび、どこが敬虔なんだか、と思うわけである。

## 出家の習慣もあるが感想は人それぞれ

タイには子どものときからずっと僧房で暮らしてきた僧侶のほか、一時的に僧侶になる人もいる。というのは、タイ人男性は生涯に最低一度は出家する慣習が存在するからだ。タイには徴兵制度もあり、徴兵と出家は年齢的なタイミングが重なっていることもあって、二〇代タイ人男性は忙しい。ただ、徴兵と違い出家は自分でタイミングを決められる。期間も自由で、数日で済ませる人もいれば数か月超の長期にわたる人もいる。これは文化的慣習なので、たとえ外資企業であってもタイ人男性スタッフが出家するとなると会社側に拒否権はなく、その間、スタッフに穴が開くことは承知していなければならない。ちなみに、白い袈裟を着た尼僧（つまり女性の僧）もいるものの、タイ仏教では女性出家者の地位があまり高くない。このあたり、ある意味ではタイ社会に根づく悪しき考え方というか、タイ人の保守的な一面でもある。

タイ人男性がみな出家を誇りに思っているのかというと、実はそうでもない。出家は修行でもあり、決して楽ではない。タイの友人らに出家はどんなものかたずねた。するとひとりは「心が休まる素晴らしい時間だった」と答えた。出家の間はいろいろな悩みから解放され、平穏な時間を過ごせる。その場にいたもうひとりもまた「そうだそうだ」という。どれくらい出家したのかと聞くと、前者は「自分は二週間だった」、もう一方の友人は「オレは一日」という。短すぎると思い、根掘り葉掘り聞くと「実際には朝出家して、夕方には実家に逃げ帰った」と白状した。「オレにはあの生活は無理」だったそうだ。

後者の話を聞きながら、ボクは横にいるひとりめの顔をうかがった。敬虔な仏教徒ならこんないい加減な出家に怒るのではないか。ところが、彼もその話を聞きながら笑っていた。実におおらかで、信仰の自由や度あいも人それぞれだということを理解しているのだなとボクは思った。いい意味でのタイ人の個人主義的解釈というところか。

日本では、日本語や生活習慣に仏教や神道が根づいているものの、日本人は普段それらをあまり意識はしない。若い人の中には、自分は無宗教であると思っている人も多いだろう。

一方、タイは学校で仏教神話などに関する授業がある。タイの憲法では国王は宗教の保護者であり、王室はタイ寺院の最高峰という位置づけだ。国旗の三色は、中央の青色は国王や王室、白は宗教、赤は国家と国民を表している。ただし、白はブッダの母が胎内に白い象が入ってくる夢を見てブッダを身ごもったという神話が由来なので、国旗の白は実質、仏教の信仰を意味している。生活の中でも宗教施設が身近にあり、タイは若い人でも自分の信仰をしっかりと意識して生活する。この点ではタイ人と日本人、タイと日本の宗教観の違いが垣間見える。

そもそも、仏教が伝来したスコータイ王朝時代、当時の王室や政府が仏教を広めたのは、国の衰退を食い止めるためだったとされる。自然に広まったのではなく、政治的な意図が強くあった。多民族をまとめるためのひとつの手段として利用されたのだ。国民をまとめ、反乱を抑える。それが仏教だった。

タイ文化が仏教の強い影響を受けているのは事実ではある。タイと日本の大きな違いは、タイも日本も国王と天皇は神と等しい存在でありつつ、タイ王室は仏教の、天皇は神道の側に立つことだ。そして、一見タイ仏教を広義的な意味での上座部仏教と捉えがちだ。タイ文化は精霊信仰と上座部仏教をベースにできたのではなく、あくまでもタイ式の精霊信仰と、それと強く結びついた上座部仏教をもとにした「タイ仏教」を下地に発展してきた。日本人とタイ人が最も理解しあえる部分と理解しあえない部分は、実は同じところにあるともいえるのだ。

## 基本は保守的だが新しいことに積極的な一面も

移住したばかりのころ、タイ人は寛容で、外国人を受け入れる先進的な気質がある、とボクはよく感心したものだ。当時の日本はまだ一般の日本人が外国人と接点を持つことが珍しかったからだ。しかし、タイで長く暮らしていると、案外にそうでもないことに気がつく。

　これだけたくさんの日本人が暮らすタイでも、タイ人と日本人のカップルはあまりいない。日本の「人口動態調査　人口動態統計」では、二〇二一年度の日本人婚姻総数約五〇万件のうち、日本人と韓国・北朝鮮人の婚姻は二八〇〇件を超える。しかしタイ人と日本人の婚姻は六七三件しかない。日本人女性は数えられるくらいしかタイ人と結婚しておらず、タイ人女性と日本人男性の婚姻も二〇〇〇年の二一三七件をピークに減少している。

　タイ人と日本人が婚姻に至るまでの出会いがあまりないことも理由だろうが、そもそもタイ人が外国人と交際したり、結婚することをそれほど望んでいないという点が大きい。日本でも「国際結婚」と普通の婚姻とを分けた呼び方があるということは結局、外国人との結婚はレアケースだからだ。タイ人にとって外国人は、社会的人間関係において「外側の人」と認識するので、日本で一般日本人が「外国人」というときの心理的距離感よりずっと遠い、まるで想像のつかない人種というのが本当のところなのかなと感じる。人間関係にシビアなタイでは、そういう「遠い人」を理解するほど暇ではない。タイ人は特に家族を大切にし、大切なあまり部外者は敵か石ころと同じような存在と認識する。そんな中で、得体の知れない外国人との結婚なんてそう簡単に受け入れられない。

隣国ラオスの首都ビエンチャンにあるタイ大使館は、バンコクから近いのでビザの申請者が多い。二〇一二年ごろに取材で訪問した際、ビールを飲みながらビザを受け取りに来ていた欧米人が数人いた。そのとき、その場にいた富裕層と見られる初老のタイ女性（大使館員ではない）が彼らを指し「タイを侮辱している！　許せない！」と怒鳴り散らした。タイ語だったのでその場のほとんどの人が聞き取れずポカンとしていたけれど。その女性のいわんとすることもわかる。ただ、ボクが思ったのは「タイ人はやっぱり保守的だ」ということだった。そもそも飲食禁止だったのでルール違反ではあるが、別に彼らもタイを侮辱しているわけではなかろう。「禁止事項を破っている！」と怒るならまだしも「タイを侮辱している」とまで感じるのは被害妄想でしかない。単にその女性が外国人をよく思っていない気持ちが言葉になっただけのような気がした。

　でも案外、これが一般的なタイ人の外国人に対する見方ではないだろうか。外国人、すなわち外の者を根本的には受け入れがたい気質があるのではないかと思う。多民族国家で、家族という単位が最も信頼できる集団となり、そのメンバーを守っていくには外からの者を拒むことがまず大きな自己防衛手段になろう。こうなると多様な面で保守的にならざるをえなくなる。人間、誰しも変化をおそれる。そして、大切な仲間を守るための経験則が保守的志

屋台でもQRコードから銀行アプリに接続して支払いが可能になっている。

向を加速させる。仏教が昔ながらにしっかり定着し、かつ敬虔な仏教徒が多いのもまたこういったタイ人気質があるからだ。

　ボクは、タイ人は全般に保守的だと思う。タイに来たことがある人だと、そうかなと疑問を抱くだろう。街中を歩いていると、日本よりずっと進んでいる面も少なくないからだ。たとえば電子マネーなどによるキャッシュレス化がタイは日本よりもはるかに進んでいる。これはタイ政府が推進してきた政策がうまくいっているからで、日本だと高齢者は年齢を理由にこうした波に乗り遅れることがよくあるが、タイではＱＲコードくらいなら老人だって使いこなしている。

　根本の気質が保守的ではある一方で、タイ人は新しいものに飛びつく習性もある。大昔では鉄道や自動車がそうだ。象徴的な例としては、実はアジア人初のＦ１レーサーはタイ人である。

他方で、飽きるのも早い。根本が保守的なので、タイ人気質に親和性がないと見るや、驚くべき早さで捨てられてしまう。鉄道も結局はタイ人の気質や生活に合わなかったと見られ、飽きられてしまったといっていい歴史的代表例だ。さすがに敷設に金がかかっているし、王室の意向もあったためなくなってはいないものの、一八九七年に開通したその後数十年でほぼ今と同じ敷設総距離に達している。そこから全然発達する気配がない。

うまくタイ人に気に入られたら、それはそれですっかり受け入れられる。近年ではＳＮＳ（ソーシャル・ネットワーク・サービス）のタイ人との親和性がすごい。タイ人は自己肯定感が高く自分が大好きで、みな自信を持って生きている。そのため、自分の写真を撮りまくり、それを堂々と公開する。

しかし、ボクがそれでもタイ人を保守的と思うのは、特に人間関係を見ていると、だ。政治問題を見ればわかりやすい。今の政情不安の原因でもあるタクシン・チナワット氏を保守派は嫌い、その後の選挙でも結果無視でなりふり構わずごねる。インテリを気どる保守派は世界にどう思われようとも、もはや生理的にタクシン派が受け入れられない。これもまたタイ人の一面なのだ。

保守的ではあるけれど、新しいものが好き。気に入ったらずっと使うけれど、合わないと感じたら改善することなくポイッと捨てる。ある意味、タイ人は合理的で、かつ自分の本性に正直というか忠実な性格だ。頭がよくて、裏の裏をかくような、そんな怖さがあるけれども、よくいえばさっぱりしている。だからなのか、政府や企業にトップダウンな裁定力や実行力があって、もはや日本の企業よりも強い一面を持つ。こういうところもまたタイ人の魅力で、日本人の遠慮をしてなかなか物事が進まない面倒さがないから、タイを好きになる日本人が絶えないのかと思う。

## 不動産投資ブームで見えた楽観的な気質

バンコクの住宅形態はアパート、コンドミニアム（日本でいうマンション）といった集合住宅、平屋のように隣と壁を共有するタウンハウス、一戸建てが中心だ。それぞれ分譲、賃貸がある。バンコクの賃貸物件は基本的に供給過多なのではないかと感じる。

外国人は個人名義では土地購入ができない。ただ、賃貸はなんら問題ないし、コンドミニアムは一定の条件下で所有権を得られる。ここ数年は賃貸に出すために物件を購入するケースも多くなっている。特に裕福な外国人への賃貸では高額家賃収入が期待できるので、投資物件として運用する人が増えている。タイ人投資家は新規物件が立ちあがるとたちまち群がって購入していく。特に二〇一二年前後からの不動産投資ブームはかなり過熱していた。

不動産投資が絶好調のころは、プロジェクトが立ちあがった時点で伝手《つて》のある人や優良顧客にいい部屋は押さえられ、モデルルームが公開になるときにはすでに大きな利益を得られそうな物件は埋まっている状態だった。富裕層のネットワークやコネクションがこういうところで威力を発揮したのである。

タイの不動産投資利益は賃貸に出してのインカムゲインと、物件売却時のキャピタルゲインに分かれる。ブーム当初はその両方を狙えた。ブーム全盛期から一〇年近くが経過した今もコンドミニアム建設は各地で多い。都心はさすがに土地が少なくなってきているので、このところは郊外や電車の延伸エリアでの建設が目立つ。

しかし、よくよく考えると地震のないタイでは日本ほど物件を堅牢に建てないので、建築がはじまった時点から経年劣化が進む。あまりの日差しで、完成して数か月もしないうちに外壁にひびが入り、地盤沈下でガタガタだ。それでもブーム全盛期の新築コンドミニアムは、都心だとワン・ベッドルーム程度の部屋で一億円はした。こうなると一か月百万円超の家賃

日本円で億を超えるバンコク郊外の戸建て。

でないとインカムゲインどころではない。ところが、新型コロナウイルス以前の外国人居住者が増えていた時期でさえ、その家賃レベルで店《たな》子《こ》がつくのはスクムビット通りソイ24といった特定のエリアしかなかった。多くの不動産投資会社はこのことを黙っていた。もちろん、そんなことは調べればわかることで、不動産会社がウソを吐いていたともいえない。

このように、都心でも場所を間違えれば投資は成功しないというのが現実だった。それほど厳しいのに、実際に利益が出そうな物件はタイ人ハイパー富裕層が押さえている。結局、最初から勝てる手札が市場には基本的に存在しないのだ。

これで破綻《はたん》したタイ人も多い。中流階級の人たちも一時期は不動産投資に熱をあげた。新築物件は建設開始前に売りに出されるのでまず頭金を入れ、コンドミニアム竣工までに銀行と話をつけてローンを組む。これは不動産購入時の通常の流れだが、投資初心者は銀行やメディアの煽《あお》り文句を真に受け、一軒購入したらそれを担保に二軒目、三軒目……と何軒も購入した。月々の返済額を超える家賃設定にすればまわると安易に考えるが、地域の相場とかけ離れていると店子がつかず、赤字運営になればもう文字どおりの自転車操業だ。賃貸物件は供給過多といった感じだし、インカムゲインが得られる物件は都心にしかなく、かついい物件は最初からない。それでも大丈夫だと楽観して買って、どこかでつまずいたら全部が狂って、多額の借金を背負うというわけだ。こういう楽観的なタイ人も多かったので、銀行の差し押さえ物件がかなり増えていた時期があった。

　こうやって不動産投資で確実に儲けられるのはタイ人富裕層とそのネットワークにいる人だけなのだ。銀行も楽観的な中流階層に最初は金を貸し、途中でやめてしまう。結局、金があるところにいつだって金が流れ、それ以外の人はいつまでも貧しいままというのがタイの社会構造だ。日本では金持ちの金遣いを見て「あるところにはある」といったりするが、タイは「あるところにしかない」のである。

# 第5章　若い世代にとっては生きづらくなりつつあるタイ

## タイの不良は経済的に豊かな世帯から出る

タイでは年上、特に年寄りを敬《うやま》うことがあたりまえだ。家族内でも、社会に出ても目上の人に従順なのがタイの文化である。威厳のある父とやさしい母親がいて、家族仲がよくて円満な家庭が多い。ところが、実際にはタイにも大人や社会に反発的な、いわゆる不良少年や少女は少なくない。タイの若者たちもストレスを抱えているのだ。

低所得者層は働いても働いても実になるものもなく、子どもがほしいものを買い与えることもできない。バンコク近辺ならまだマシで、山岳地帯だと通学の費用すら出せず、学校に行かせることだってできない。タイの場合、公立校なら幼稚園から日本でいう中学卒業に相当する学年まで学費がかからない。それでも、学校に行かせられない世帯もいまだにある。

　近年は社会常識やモラルが発達したので少なくなったが、二〇〇〇年代初頭でさえ貧困世帯の小さな子どもが働き手になっており、場合によっては親がブローカーに売ってしまうこともあった。売られた子どもは、女子は風俗関連施設、男子だと工場などに連れていかれることが多かったようだ。これが非常に悪徳で、親に支払われた金は子どもの借金となり、さらにブローカーの手数料が上乗せされ、子どもはそれを返済する名目で働かされた。

　こういった人身売買は減ったとされるが、現実には形を変えて存在している。ある北部の山奥で出会った飲み屋の女の子たちはみな、親に売られてきていた。「形を変えて」とは、幼少期に勝手に売られたのではなく、ある程度の年齢に達したのち、彼女たちが合意したうえで、という点が昔と違う。親の借金を労働で返済するという約束を本人自身が理解して契約しているのだ。これによって、わずかではあるが給料も出るし、場合によってはバンコクなどもっと稼げる場所に斡旋《あっせん》してもらえるなど、希望が少しは残されている。

　それでも彼女たちは、親の悪口はいわない。なんとか実家の生活を立て直そうと必死だ。

格差社会のタイにおいて現実は本当に厳しくて、貧困層の大人は子どもを学校に行かせずに働かせることがよくないという考えに至らない人が多い。その日暮らしなので学校に行かせ

北部の山の飲み屋でインタビューをする筆者。女性たちには笑顔もあり、悲壮感はなかった。

る時間があるなら働いてほしい。長期的に見れば学校に行ってよりよい仕事に就くことで負のスパイラルから抜けだせるのに、そんな先のことなど考えられないのである。

タイの不良少年少女はケンカに明け暮れ、違法銃器などを所持・製造したり、麻薬に溺れ、暴走族に入る。ケンカに明け暮れるのはどこかをほっつき歩いているわけだし、違法銃器を作るには工業高校である程度の技術を身につけなければならない。麻薬やバイクを買うには金がいる。ということは、不良少年らにはそれができる余裕がある。タイにはアルバイトのような働き方が基本的にはないので、つまりグレる資金は親が出していることになる。本当の貧困層は一食を食べるためだけで精いっぱいだ。そんな世帯の子どもたちはグレている暇も金もない。タイの不良少年少女は基本的に中流層の下クラスあたりから出てくるのである。

## 家族仲はよく見えるがその裏にある若者のストレス

タイ人の未成年者が非行に走るケースが家庭環境と関係ない場合、それは周囲の環境――友だちが悪いとかそういう事情で、ある種ファッションというか、遊びだ。こういった少年少女は外では悪い顔をしていても、家では家事の手伝いもするいい子だったりする。タイには日本のアニメ文化に傾倒する、いわゆる「オタク」のような若者も今は多くて、コスプレやマンガ、日本の地下アイドルなどに詳しい。タイ人の不良もオタクもおもしろいことに、大半が遅くとも二〇代半ばになると自然とそういった傾向から抜けていく。ある意味どこか冷めたところがあって、自分が大人になったと自覚したとき、生涯楽しもうと考える日本人と違い、タイ人の場合は自然とそういった仲間から脱していく。だから、こういうケースの不良はそれほど心配するものでもない。

一方、家庭に問題があって非行に走るケースは家出してしまうことが多い。犯罪に走る傾向もあるなど、先の環境に影響された不良よりも危険で、深刻な問題がある。今でこそほとんど見かけないが、九〇年代はストリートチルドレンがバンコクだけでも何百人も存在したらしい。タイは常夏《とこなつ》なので路上で寝泊まりしても苦にならないという、日本とは違う事情もあるからだろう。

子どもを大切に育てるタイで親子の不和が起こるのは、だいたいの場合は親が厳格でしつけなどが厳しく、束縛されているからだ。個人の自由を大切にするタイでは、それを窮屈と感じる子どももいる。親が子どもにさまざまな制限を設けるのは大なり小なりどこにでもある話だ。しかし、タイでは行きすぎているケースも多い。子どもを所有物のように扱い、あらゆることを親が決め、子どもが自身で判断する余地のない家庭はよくある。これは富裕層や中流層のそこそこ高学歴の世帯に見られる。厳しすぎる親に歪《ゆが》んだ部分があることは否めない。おそらく、その親もまた子どものころにそうされて過ごしてきたのかもしれない。親は子が逆らうことはありえないと思っている。若者もそんな親に対して逆らうことにためらいがある。社会的、文化的な風潮がそれを許さないからだ。そしてどうしようもなくなった子どもは自殺したり家出をする。そうして犯罪組織に入ってしまったり、家出によってまともな職に就けず新たな貧困世帯が生まれてしまう。

中流層の多いバンコクの下町。バンコクなら地方よりは所得は多い。

不良少年少女に限らず、タイには不満を抱えた若者が少なくない。目上の人を尊敬して大切にすることを強要され、かつその人がそこにいる限り、自分はいつまでも下《した》っ端《ぱ》でしかない。家庭だけでなく、会社の人間関係、学校、街中を歩いていてもそうだ。中流層や貧困層は社会的な地位が低いので、上に立つ者がもっと多い。

タイの平均寿命は七七・七歳と日本より短めで、七〇代は超高齢といえる。農村地帯などでは一〇代で子どもを産み、三〇代半ばには働くのをやめ、子どもの仕送りで生活する人も少なくない。仮に子どもが二〇歳で働きはじめたとすれば、親はそのとき四〇歳になっているかどうか。親が七〇まで生きるとしたら、子は三〇年もの長きにわたって仕送りを続けることになる。ゾッとする話だ。これでは子は自分のやりたいことができないではないか。

タイ人は普段は温厚だが、怒ると歯止めが利かなくなる。一番危ないのは飲酒時だ。酒のある場所では事件やトラブルが尽きない。当初、タイの若者は酒の飲み方が下手だと思っていたが、その背景には大きなストレスがある。富裕層の子息は最終的には莫大な資産を相続するし、早い段階で大きな会社を任されるので不満を抱える必要がないというか、低所得者層とは逆の意味でグチグチいっている暇がない。

一方で、低所得者層でもなく、ハイパー富裕層でもない若者は時間もあって、かといって何者にもなれないというフラストレーションを最も溜めやすい。タイは見えない階級社会と壁があって、努力をしたところで名家の仲間入りをすることもない。タイ人に生まれた以上、タイ人社会から外れることができないのだ。ただ、ネットが発達した今、世界とつながることができるので、昔ほどその呪縛はきつくない。アイデア次第で多種多様な金儲けができる。ただし、収入面では富裕層と同等になれる可能性はあるものの、保守的な富裕層たちはニューカマーを嫌うので、階層そのものは変わらずに同じままだ。

しかも、そこまで登りつめることができるのは少数で、優秀な人材は独立の前の段階で潰されていることだってある。〇六年から続く政情不安における保守派のやり方を見れば、そんなぽっと出の若者にどう対するかは誰の目にも明らかである。結局、タイでは生まれた親のクラスによっては夢を見ることすら許されない。これでストレスが溜まらない方が逆にすごいのである。

## 強い「愛国心」が育つことのよし悪し

どの国においても、人間は歳をとると守りに入りがちだ。タイの年寄りは思っている以上に保守的である。しかし、これは若い人の中にも少なくない。特に富裕層は若くても保守的な人もいれば先進的な人もいて、と両極端な気がする。

以前、タイのオーディション番組で、半裸の若いタイ女性が胸や腹に絵の具を塗《ぬ》り、それでキャンバスに絵を描くパフォーマンスを行った。タイは肌の露出が多い姿でメディアに出るのは法律で禁止されており、ましてや女性の裸は映せない。しかし、絵の具が最初から塗られていたのでそのまま放送された。そのとき、審査員席にいた有名女優が激怒した。

「これはタイの芸術ではない。裸で絵を描くことはタイの文化ではない」

そのようなことを叫び、会場から立ち去った。まあ女優の思いもわからなくはないが、大昔のタイでは女性も上半身を出して生活していた時代もあったようだし、現実的に今もナイト・エンターテインメントがタイは盛んだ。遊ぶ金欲しさの売春ではなく、貧困と低学歴が原因で親兄弟の大人数を養うにはこれしか方法がない女性もタイにはいる。というか、それがほとんどなので、タイの歓楽街はある種大きな社会問題の象徴でもある。そんな現実もあるが、その女優は自分の物差しがまるでタイ人の代表意見かのように叫んだのである。

　新しいものに強い拒否反応を見せるのはタイ保守派の特徴だと思う。オーディション会場内では男性だけでなく女性からも拍手喝采《はくしゅかっさい》だったが、女優ひとりだけが怒った。タイの保守的な人は自分が思っている正義が穢《けが》されると強い拒否反応が出てしまう。その正義が歴史的に、文化的に、そしてタイの将来的に正解かどうかにかかわらず、とにかく強く否定する。先進的であれ保守的であれ、タイ人はタイという国が好きで誇りに思っている。いわゆる愛国心が強い。だから、保守派の拒絶反応も悪気はなく、単に視野が狭いというか、あえて見て見ぬふりをしているのか。

　よく日系企業駐在員から「タイ人は挨拶をしない」といった不評を聞く。だが、それは単に舐《な》められているだけだ。タイ人は目上にはしっかりとワイ（合掌）をして挨拶をする。それがタイ社会の礼儀で、シビアなためむしろ目下の者には自分から挨拶しない。部下や年下から挨拶をされないのはタイ人らが、この日本人は無能だと判断したのである。このワイは幼稚園と小学校低学年で叩きこまれる。幼稚園に入ると、まずは先生に挨拶をすることからワイを覚え、大人になるにつれて誰に挨拶をするべきかも学んでいく。礼儀は学校や社会の中で教育されていくものだ。愛国心もそう。タイ人は学校でみっちりと、タイがいかに素晴らしい国であるかを学んでいく。かつて政府は移民華僑にタイ国籍を与える条件としてタイの教育を受けることを義務づけたが、これが同化政策の一番のポイントだった。こうしたタイへの愛国心、忠誠心を持たせるためだ。

　タイの愛国心の育て方のひとつは、小学校から仏教と仏教神話のいろいろを学ばせることだ。仏教はそもそもタイ国民を手なずける手段としてはじまったので、今も利用されていると考えるべきだ。もっと直接的に愛国心を育てる術は王室を敬う教育にある。タイ王国イコール国王陛下なので、国王のこれまでの行いや王室のことについて教える。国王陛下の素晴らしい部分を知ることで、自分はそんな国の民であることに誇りを持つ。よい面としては団結力が生まれることだろう。たとえば自然災害時などは仏教の教えも相まって、救援物資や直接的に支援をするボランティアがたくさん出てくる。

他方では悪い部分もある。国王という「父親」に抱かれた国であるので、悪いことをしてもいつか国王に許してもらえるという考えが根底にある。タイでは七〇年代から九〇年代でさえも政変が多く、その時代は陸軍が市民に向けて発砲するなど、とんでもない事件が何度も起こっている。そうした際に国王陛下が仲裁に出てきたことによってすぐに騒乱が治まったこともあり、タイ人はなおのこと「なにかあっても国王陛下がひと言いってくれたら大丈夫」と信じる気持ちが強いのだと思う。実際、〇六年以降の騒乱でもタイ人から「国王陛下がまだ出てこないということは、まだいける」というような声も多数あった。

ただ、これまでの教育における「国王陛下」がラマ9世王、すなわち前国王のプミポン・アドゥンヤデート王であったことには留意したい。ラマ9世王は在位期間が七〇年（一九四六～二〇一六年）と、世界的に見ても長かった。そのため平均寿命が日本人よりも短いタイ人のほぼすべてにとって、国王が代替わりすることは初めての経験だ。大半のタイ人にとって、学校で教えてもらってきた「国王陛下は素晴らしい」という言葉が指すのは、常にラマ9世のことであった。国王はなによりも上にある存在なので、現国王（ラマ10世王）が皇太子だったころは、毎日の王室ニュース（タイではどのニュース番組も必ず一定時間、国王と王室の活動などを報道する）の中でその動向などが国民から注目はされていたものの、教育現場ではあくまでラマ9世王の人となりを取りあげ、国民たちは尊敬してきた。

だが、二〇一六年にラマ9世王が崩御されてしまった。日本も生活スタイルや世界情勢などの変化に対して教育制度や内容が追いついていない状態ではあるが、タイはそれ以上に大きな変革が必要になっている。実際、政府や王室に対して王室不敬罪の撤廃を求める声をあげる若者が反政府活動をしているので、タイ人の中でもいろいろと大きな変化が出てきている。これからはタイも「愛国心」の定義そのものが変わってくるに違いない。

## タイ人から本音を聞くことは至難の業

移住したばかりのころ、警察から日本人詐欺被害者の通訳を頼まれたことがある。被害者は観光客なので土地勘がなく、現場になったのは「スクムビット通りから裏に一五分程度行った茶色い壁の家だったはず」という情報しか出せなかった。スクムビットといっても、総距離四〇〇キロだ。しかし二日後、担当警官はその家を発見した。

実はタイには私服警官が市街地の至るところにいて、市民の活動や言動を見張っている。街中に溶けこんでいるので、タイ人でも見分けがつかない。日本でいう公安のような部門が各警察署にあって、そこの刑事が市街で普通に生活しているのだ。ボクは救急車のボランティア隊員をしていたことがあり、傷害や発砲事件の被害者搬送時にそういった刑事らと話をしたことがあるが、近所のおじさんみたいなよれよれのTシャツにサンダル履きだ。それでも拳銃をズボンに忍ばせているのだから怖い。こういった公安的な刑事に情報を流し、犯人のアジト発見に至ったのだと思う。

　あらゆる場面で人間関係が複雑に入り組んでいるタイ社会の中で、タイ人は自分の発言がどう広まり、どれがどこでどう影響するかわからないことをよく知っている。だから、下手な発言はしない。権力者が幅を利かせ、さらに公安までウロウロしている。よほど信用できる人でない限り、本音を話せない。

　それこそ、メディア取材ではそう簡単に本音を出さない。もうこれはタイの国民性といってもいい。ただ質問をするだけだと、なんというか教科書に載っているような、当たり障《さわ》りのないステレオタイプな答えしか出てこない。心理テストのように同じ事柄に対して角度を変えた質問を繰り返さないと核心を突いた答えを得ることはできないし、頭のいい人は瞬時にそれを見抜き、本音を隠す。外国人記者などの取材に対してはタイ社会の外の人ということで本音をいってくれるケースもなくはない。しかし、タイ語ができないと通訳を用意する必要があるわけで、日本語ができるタイ人通訳だとタイにとってよくない、あるいは自分（通訳者）がなにか問題に巻きこまれるかもしれないと判断した場合は意図的にその部分を変えて訳すこともある。

タイ人は人間関係の怖さを深く理解している。下手なことを口にしたら自分にどういった危険がおよぶかをよくわかっているのだ。だからこそ、外国人に対してはいかにタイ人が優れていて、タイがいい国かを説く。一緒になって「そうだそうだ」と納得していれば関係も円滑になる。現実がそうではないと知っていても、あえてそういい続けているのだ。

## タイ社会のスタンダードは個々に委ねられている

日本人だけでなく多くの外国人が、タイはトランスジェンダー（俗にいうニューハーフなど）が多い国だと思っている。性同一性障害者（ＧＩＤ）のうち、身体は男性に生まれ心は女性の場合はＭｔＦ（エム・ティー・エフと読む）、女性に生まれ男性の心を持つ場合はＦｔＭと英語圏では呼ばれる。原因はまだ解明されておらず、世界的にどの国でも自国にＧＩＤが具体的に何人存在するかは把握できていない。自覚していない人もいるし、日本と違いタイのように戸籍の性別を変更できない国もまだまだあって、あくまでも何万人にひとりという統計があるだけだ。この確率で判断すれば、実際にはタイよりも日本の方がＧＩＤの絶対数は多い、と専門医師はいう。タイの方が多いと錯覚するのは、目に見える数が違うからだ。これは逆に日本社会に問題があるといえる。個人が自分の性自認や信条に従った生き方をすることがタイでは許容されているのに対し、日本では差別されているということでもあるからだ。

しかし、である。ここでもタイ人の本音と現実に大きな乖離《かいり》がある。多くのＭｔＦはタイは自由であると語りたがる。ところが、現実は必ずしもそうではない。根気よく聞きだしていくと、ＧＩＤたちにはその人たちなりに息苦しいタイ社会があるのだ。多くのタイ人はＧＩＤに対してうしろ指を指したり、とやかくいうことはない。ただ、中には差別的な発言や行動を取る人もいる。電車やバスに乗っているときなど突然知らない人から罵倒されたり、身体を触られたりすることがほぼ毎日のように起こるのだという。大半のＭｔＦが体験する、人生においての最初の差別や冷酷な目は父親からだったりもする。

タイは車が左側通行だったり、わりと英国文化の影響を受けているところがある。そのため、実は服装のＴＰＯは日本以上に厳しい。外国人はついどこでもリゾート気分でタンクトップやハーフパンツで歩いてしまうが、実はタイ人の特に保守的なお年寄りからすると許せないことのようだ。愛国心だけでなくそういうマナーも相まって、タイ人は外国人を見下す傾向にあるのかと思う。結局、タイの社会性は他者に対して寛容な姿勢を完全に貫くというより、ある程度社会に見あった範囲内で個人の主張が許される、いい意味でも悪い意味でも保守的な国なのかなとボクは見ている。

日本では多種多様なマナー講師が好き勝手いっているが、これは裏を返すと日本人がスタンダードを常に模索しているからだ。タイは個人の自由を大切にするがゆえ、タイの標準とはなにかという議論は行われない。その結果「タイ社会に見あったスタンダード」が個人判断にゆだねられ、解釈の個人差が大きい。

そういう点では、「タイ人っていい人だ」とか「タイは過ごしやすいいい国」とタイ人自ら外国人に同意を求めるのは、簡単に総括できないこの国をそれでもなお、叩きこまれた愛国心からヨイショしたいがゆえなのだろう。とはいえ、困った人を助け、災害時には仕事をほっぽり投げてボランティアに行き、年中暑いので果物や野菜は豊富で食べるには困らない。いい人、いい国なのは間違いない。こういう掴《つか》みどころがあるようでないようで、というところがタイ人とタイという国の魅力でもある。

## タイ人が時間にルーズなのは事実？

「タイ人は時間にルーズ」という意見は多い。約束の時間には平気で遅れ、アポイントの急なキャンセルも日常茶飯事である。

タイに来るようになったころにできた友人は、待ちあわせにいつも遅れてきた。一五分ならマシで、一時間遅刻もざらだ。日本もそうだが、九〇年代後半はバンコクでも携帯電話はまだ高価で一般的なものではなかったこともあって、当時の待ちあわせは、ただそこで待つのみであった。毎回友人がいうのは「渋滞がひどくてバスが来なかった」である。いいわけでも謝罪でもなく、ただそう説明する。バンコクの渋滞のひどさは今も問題になるが当時はもっとひどかったので、確かに路線バスが来ないことは多々あった。それならその分早く出てくればいいのに、と思うが、タイ人はそうしない。それは住んでいるとわかってくるのだが、早く出ることが逆に時間を無駄にすることになるからだ。

仮に一二時集合としよう。渋滞がなければ自宅から三〇分程度の距離とする。なんら問題がなければ一一時半に家を出れば間に合うが、バンコクは絶対に渋滞があるので、一一時に

朝夕の渋滞には、実は学校の送迎に向かう車も大きく関係している。

家を出る。問題は、これがあくまでも「いつもどおり」ならであって、バンコクは予期せぬ事態が頻発する。バスや電車が時間どおりに来るのは日本くらいで、ひどいときは片道三〇分のところが一時間どころか二時間もかかる。そうしたトラブルを加味して二時間前に家を出ればどうか。時間が早ければ渋滞に巻きこまれる確率がさがるので一〇時半には到着するだろう。しかし、そうなると待ちあわせ場所で時間の潰しようがない。今ならスマホなどでいくらでも時間を潰せるが、当時はそれができず、結局早めの到着は現実的ではない。だから、基本的には通常の渋滞を想定した時間に家を出ることになり、異常が発生すれば「やむをえず」遅刻してしまうことになる。

日本人の感覚からすると、確かにルーズに見える。ただ、あくまでもそれは日本人が日本社会から見たときの話だ。タイと日本はまったく違う国であって、そこにある常識もまた違う。日本感覚でルーズと決めつけるのはややアンフェアだ。タイ人でも時間を厳守する人はいる。あくまでもタイ人の一部が時間にルーズなのであって、「タイ人は」と決めつけるべきではない。そもそも日本感覚からすればルーズでも、それで社会がまわっているのだからなんら問題はないではないか。

　ボクからするとむしろ、日本人が時間に厳格すぎる。世界的に見ると日本が珍しい方だ。五分前集合が暗黙の強制になっている感じで、ボク自身は子どものころからこれに強い疑問を持っていたものだ。

　時間に対する厳しさは、結局のところ教育の賜物《たまもの》だ。日本の学校では校門に教師が立ち、時間が来れば門を閉め、入れなかった生徒は遅刻としてなんらかの罰を受ける。タイにはこの風景はない。朝夕の渋滞がひどいことと、公共交通機関がないところも多いので、遅刻をいちいち咎《とが》めていたらきりがない。だから、時間厳守を誰も教わらずに大人になっていく。そもそも、教師ですらそういう環境で育ったわけだから、生徒が遅刻したところで「あら、遅かったのね」くらいにしかいわない。

　誤解を招きそうなのでいっておくと、遅刻を許すというより、あくまでも遅刻をした場合

渋滞の影響の少ない運河ボート。ボートや路線バス、BTS や地下鉄には時刻表がないのもタイの特徴だ。

にそれを誰も咎めないのである。大半の生徒は時間までに学校に来る。タイ人は時間にルーズというより、時間の感覚がない、あるいは時間厳守を軽視しているといった方がいいかもしれない。タイ人にはタイ社会なりの距離感と時間感覚があって、先述のようにそれに合わせて移動時間を算出している。タイ人も、ちゃんと彼らなりに時間を守ろうとはしているのだ。

結局、タイ人が時間を守らないのは、それが許される風潮が強いという点が一番大きい。日本で暮らしているタイ人はちゃんと時間どおりに動いている。タイ人が人間的にルーズというより、タイ国内の社会においては許されるのでそうなってしまうという部分はある。タイ社会は多くの場面で遅刻に対して目くじらを立てない。軍隊やビジネスでは時間厳守でないとどうにもならないシーンはあって、そういうケースではタイ人だってちゃんと守る。特に若い世代はわりと時間をしっかり守るとボクは感じる。

遅刻に寛容なのは、同時にタイ人気質でもあると思う。遅刻した相手を頭ごなしに怒るのではなく、ちゃんと相手にも事情があることを配慮してくれる。なにより、自分だって遅れることもあるのだからお互いさまで、自分をさておいて相手を叱《しか》ることなんてできないという気持ちがある。遅刻は相手の時間を奪うことで、された側にしてみたら怒るのもわかるが、逆にまったく遅刻しない人なんているのか。許容範囲内であれば、無駄に怒ることの方がよくないと考えるのがタイ人なのだ。仏教的な教えもあってか、そもそもタイ人は怒ったり大きな声を出すことを美徳としないのも理由ではある。

待ちあわせに命がかかっているとか、許容範囲外ならともかく、一分一秒を厳守したところで生産性向上や社会的あるいは経済的な発展ができるわけでもなかろう。現に時間に厳しい日本そのものが東南アジアで憧れの国ではなくなったところを目のあたりにすればわかる。時間に対してのんびりと構える余裕があってこそ、タイ人のように（本音ではなくパフォーマンスであったとしても）他人にもやさしく、おおらかに生きられるのではないか。ある程度、タイ人の時間感覚に慣れたら、こちらもイライラしない。ただ、これは日本人が嵌《は》まるタイの落とし穴でもあって、どんどんダメ人間になっていく。タイは他人の目を気にしなくていい社会でもあるので自由に生きられる。遅刻も注意されない。自分で自分をしっかりと律していないと、どんどん悪い方に流されるのだ。

とはいえ、社会やビジネスのスピードそのものはネットの発達によって世界中で共通化されつつあって、タイもその波の中にあるのも事実だ。タイ人も時間にルーズではいられなくなっている。以前は雨が降れば商売全体が停滞した。バイクも歩行者もまずは雨宿りで立ち止まったものだ。ところが、今の若いタイ人は折りたたみ傘を普通に持っていて、ちょっとした雨だったらさっと傘をさして動いている。

タイ人は日本人から見ても昔ほど時間にルーズではなくなったので、よりつきあいやすい人たちになったと思う。ただ他方、ああいったいい加減さが好きだった人からすると、なんかタイ人が冷たくなったような気がしないでもない。時間の感覚というのは難しいものである。

# 第6章　タイと日本の友好関係は愛憎の泥沼劇場のよう

## 第二次世界大戦からもわかるタイ人の巧みな外交

タイと日本の関係は長く、二〇二二年で日タイ修好条約（日暹修好通商に関する宣言）が結ばれてちょうど一三五年となった。これは現王朝との国交であり、条約締結以前もタイ日の関係は深い。室町時代には貿易船がタイに滞在し、江戸時代（アユタヤ王朝のころ）には日本人村もできたほど多数の日本人が暮らしていた。

ボクが子どものころに学んだ日本の歴史教科書からは、第二次世界大戦の枢軸国は日本、ドイツ、イタリアと習ったものだが、タイも日本と同盟を結んでいた。ところが、タイは終戦時点で枢軸国側だったことは変わらないが、戦後すぐさま連合国の一員になり、日本やドイツのように敗戦国としての制裁を受けることはなかった。

　タイは東南アジアどころか、アジアで唯一、欧州の列強国の植民地にならなかった国だ。日本もそうではあるものの、終戦後にアメリカに占領されていた時代もあるので、完全独立を保ってきたのはタイだけといえる。帝国主義の時代、現在のミャンマーとマレーシアがイギリス、ラオスやカンボジアがフランスに統治されていた。タイは地理的にちょうどそれらの間にあるので、緩衝地帯になったことも独立を継続できた理由である。とはいえ、タイも欧州列強国の脅威や侵略にさらされていたのは事実だ。そこを巧みな交渉術でのらりくらりとかわし、植民地化を免《まぬが》れてきたのである。

　その過程でフランスとは何度か交戦もあった。特にインドシナ紛争と呼ばれる、タイとフランス領土の国境問題は大きかった。タイ側が現在のラオスのルアンパバンやカンボジアのシェムリアップなどを返還するように求めたがフランスが拒否し、両国間で武力衝突が起こったのだ。この仲裁に入ったのが日本だ。これによってタイとフランスで話しあいが行われ、ルアンパバンやシェムリアップ州などはタイ領土になった。バンコクを走る高架電車（ＢＴＳ）の戦勝記念塔駅前のモニュメントはこのインドシナ紛争の記念碑だ。武力衝突ではタイが劣勢だったところ、日本の仲裁でタイの要求がほぼすべてフランスに承諾されたので、タイとしてはこの戦いを勝利と認識している。

タイと日本の関係性がわかる史実ではあるが、太平洋戦争時の同盟はすんなりはじまったわけではない。先の紛争は一九四一年のことで、同年一二月八日の太平洋戦争開戦と同時に日本軍はタイ南部に侵攻している。日本軍は許可をもらって通過するだけのつもりだった。ところが、当時の首相であったプレーク・ピブンソンクラーム元帥が不在で、侵攻する形になり、しばしタイ軍と日本軍が交戦し、双方合計で三〇〇人が死亡している。その後、姿を現したピブンソンクラーム元帥が日本と攻守同盟を締結した。

この空白の不在期間は意図的なもので、元帥は日本に加担することでイギリスから睨まれることを懸念したためともされる。もともとタイ政府としては第二次世界大戦に対して中立を表明していた。しかし、タイが日本と同盟を結んだことで連合国に参戦したと認識され、英軍と米軍が同盟締結の翌月である四二年一月にタイへの爆撃を開始した。この都市攻撃に怒ったタイ政府はすぐさま英米に宣戦布告している。

四五年八月一五日、敗戦することを伝えに来た駐タイ日本大使に対して、当時のタイ首相が米英への宣戦布告は無効だったとする意向を伝達した。そして翌日には当時の摂政だったプリディー・パノムヨン男爵が、国王陛下の名で「英米への宣戦布告は日本に脅されて発出したもの」と宣言して、連合国側にも無効を訴えた。

実は一二日の時点で駐タイ日本大使がタイにポツダム宣言受諾の件を通達している。このとき首相は通達が遅すぎだと激怒したとされる。しかし、実際にはその前日にタイ側は情報を得ていて、すでに無効宣言の準備に入っていた。さすがに無効宣言はすぐに連合国側に承諾されなかったが、結果的にタイはいわゆる敗戦国の制裁などを受けずに済んでいる。この巧みさがタイ王国を支配する人たちのすごさである。

## タイが占領されずに済んだ背後にいるふたりの政治家

連合国がタイを占領したり統治したりしなかった理由はいくつもあるが、大きな要因として前項に登場したふたりの政治家の存在がある。

ピブンソンクラーム元帥は日本と攻守同盟を結んだ当人で、タイ近代文化においても重要な役割を果たしている。観光資源の活用など、現在タイ人があたりまえにやっていることを推奨した。たとえば、サヤーム（日本ではシャムと呼んでいた）をタイという国名にした。また、戦時中に古米の流通や農家の収益を増やすために中華料理のひとつだった米粉麺クイッティアオを意図的に国民食にしている。さらに、日本人が好きなタイ焼きそばであるパッタイもピブンソンクラーム元帥のネーミングとされる。戦後は国民の現金収入アップのため不定期開催の蚤《のみ》の市《いち》を各地で開くことに決めた。これによって生まれたのが、バンコクにある世界最大規模の週末市チャトチャック・ウィークエンドマーケットだ（今の場所に移設されたのは一九八二年）。

　戦時に話を戻すと、同盟を結んだものの条件的には日本の支配下に置かれるようなものだったため、元帥は当初あまり乗り気ではなかったとされる。しかし、その後急に日本寄りになり、英米に宣戦布告までしたのは、先のとおり四二年に英国がいきなりバンコクを爆撃したからだ。このあたりの短気さもまたタイ人気質の特徴だ。タイ人はいわゆるキレたときに前後の見境《みさかい》なく怒り狂う。もちろん元帥はそこらの小市民のように激怒したのではなく、いろいろな目論見《もくろみ》があったのはいうまでもないが。

　タイも参戦したが、タイ国内で大きな地上戦はなかった。しかし、バンコクなどはかなりの回数、空襲されている。四四年のおよそ一年間だけでもタイ全土で二五〇回も爆撃された。爆撃目標は主に鉄道駅や橋、港や製油所などで、東京など日本本土も空襲したＢ29爆撃機が高高度から襲来したので、日本軍もタイ軍もなす術なく、一方的に攻撃されている。

ピブンソンクラーム内閣は攻守同盟締結時、すでに独裁政権といわれていたこともあり、四四年に不信任案を突きつけられ、元帥は首相を辞任している。

もうひとりの主要人物はプリディー・パノムヨン男爵だ。彼はピブンソンクラーム元帥とは真逆の考え方だった。このふたりは一九三二年に起こったタイの立憲革命の主要人物で、互いにフランス留学時代に知りあっていて、革命を起こした人民党では当初良好な関係だった。しかし、元帥が日本と同盟を結んだことをきっかけに、男爵は抗日レジスタンスに加担する。

この抗日グループは当時の駐米大使で、戦後首相になるセーニー・プラーモートが組織した「セーリー・タイ」（自由タイ運動）という。同盟国や欧米にいる反日組織と連絡を取りあい、日本のアジア侵略に対抗した。アメリカでは戦略諜報局にタイ人留学生が採用され、タイへ帰国後に五万人もの仲間を集めた。この仲間たちの一部は英国で正式に特殊訓練まで受けている。この組織が英米で活躍したことで、タイが終戦後に敗戦国の扱いを受けずに済んだという側面もある。

日タイの攻守同盟締結の席で、タイ政府内に実はひとりだけその場におらず、同意のサインをしていない人物がいる。それがパノムヨン男爵だ。連合国側に同盟は日本の強制だったというわけができたのも、このサインがひとつ欠けていたことが理由だともいわれる。頭のいいタイの偉い人たちだ。それまでも欧州列強国の侵攻を交渉でかわしてきた。そんな人々の中で独裁者と呼ばれたピブンソンクラーム元帥が、ひとつサインが足りないことを見落とすだろうか。関係が悪化しつつあった人物のサインがないとなれば、のちのち問題になるのはわかりきっている。それでも攻守同盟を推し進めた。

また、同盟を結んでいる以上、反日活動は政府への敵対行動だ。政府としては本来のところ徹底的に潰す必要があったが、それを抑えきれなかった。ただ、これが最終的に敗戦時には有効手段になったわけだ。結局、タイ政府はわざと中途半端なことをして、日本と手をつなぎながらも、裏では連合国側とも手を組んでいたのである。

## 連合国がタイに制裁を加えなかった要因のひとつはタイ米

英国はミャンマーでの苦戦もあって、同盟条約無効というタイからの訴えは到底容認できない。他方、タイを後押ししたのはアメリカ政府だ。アメリカは日本を占領するつもりでいた。ただ、食糧不足は目に見えている。そこで、タイ米を日本に持ってきて配給すればいいとアメリカは考えた。だから、タイを連合国側に引き入れたい。とはいえ、タイも戦争で疲《ひ》弊《へい》している。そこでアメリカは、タイで押収した日本資産の一部をタイに譲った。それは蒸気機関車や貨車だ。これらをタイ東北部を中心に走らせ、バンコクに収穫したタイ米を集めて日本に送る。日本では外米として配給に出す。それでも輸送量が追いつかないので、日本の工業復興も兼ねて蒸気機関車や貨車を日本の企業に製造させた。とはいっても、タイ国鉄も機関車を買う資金がない。そこでタイ米とそれらを物々交換した。

　こうして戦後も日本とタイの関係は続いた。実はタイ側が条約無効を日本に伝達した時点で本来は事実上の国交断絶になるはずだが、タイは日本に対して一時的な外交停止状態の姿勢を貫いた。五一年に国交を正式に回復してからタイ側は日本に当時で一三〇〇億円相当の賠償請求（実際には日本がタイから借りた戦費の返還要求）をしているが、タイの使節団が日本を訪問したときのあまりの惨状に、英ポンドでの五四億円分の分割払い、九六億円の無償供与に切り替えてくれ、日本が支払う総額は大きく減少した。これもまたタイと日本の関係性を表すひとつのエピソードだ。

　ちなみに、そのタイ米輸送をした蒸気機関車のいくつかは現在も可動状態で、タイの祝日やタイ国鉄の記念日に特別列車として走行している。残念なのは、これらの車両はさすがに

バンコク駅を出発する、戦後に納入されたパシフィック型と呼ばれる日本製蒸気機関車。

調子が悪くなっていて、部品もすでに日本国内でさえ製造していないので手に入らないことだ。動かせるのはあと何年かという状態になっているようだ。

戦時中はたくさんの兵器もタイ軍に供与されている。その一部は今、タイの観光資源だ。たとえばドンムアン国際空港の旅客ターミナルから滑走路を挟んで反対側に空軍施設があり、そこの博物館には日本軍が引き渡した飛行機が展示されている。「立川キ55 九九式高等練習機」という機体で、一見日本の博物館にもありそうだが、実はちゃんと形として残る機体が世界に二機しかない日本製航空機だ。一機は中国、もうひとつがタイの空軍博物館のものになる。

世界でタイと中国に２機だけ現存する日本製航空機。

海軍にも軍艦などが納入された。チャオプラヤ川の河口西岸の海軍基地内に「ポム・プラジュンジョムクラオ」（プラジュンジョムクラオ要塞）と呼ばれる要塞跡地がある。フランスの侵攻に備えて一八八四年に造られた要塞が公園になった。要塞内には英国製の砲台が展示されていたり、日本製の軍艦も置いてある。軍艦メークロン号で、一九三七年に浦賀造船所で建造された。タイ海軍が戦時中に発注したメークロン級は二隻で、一隻は終戦間際に連合国の攻撃で大破し、残った方は戦後から七三年まで練習艦として使用された。

　タイの博物館は多くが展示物にゼロ距離まで近づいて見られる。これもまたある意味ではタイ人気質、もしくは王朝あるいは王国の特徴でもあって、古いものに興味がないというか、大切にする気があまりないというか。王朝が変わればすべてがゼロになるので、古いものに執着する意味がないと思っているのかもしれない。バンコク中華街はいわばバンコクの旧市街であるが、地下鉄工事がはじまると観光客を見込んで古い建物を壊し、新しい施設を建てた。外国人はむしろ古い街並みを見たいのに、過去に興味のないタイ人にはそれがわからない。いずれにしても、タイの戦争の爪《つめ》痕《あと》はこうして観光資源として生き残っている。そう長くないうちに壊れてなくなってしまうだろうけど。

## 「親日」の根拠は存在しない？

国交が長いこともあって、一般的にはタイは親日国家といわれる。しかし、本当にそうだろうか。確かに東南アジア内では親日な方だが、一般市民のすべてがそう思っているかというと微妙なところだとボクは思う。

終戦後、タイは連合国の一員になったことで朝鮮戦争やベトナム戦争に兵士を派遣している。ベトナム戦争時は、タイ東部の小さな漁村でしかなかったパタヤが米軍兵士の保養地として発展し、今や世界的に有名なビーチリゾート兼歓楽街になった。アメリカとも親しい仲

タイ軍は戦後連合国側に入ったため、朝鮮戦争やベトナム戦争にも参戦している。

だったともいえ、タイ政府にとっては日本が唯一の友好国というわけではない。

タイが親日国という印象を与えているのは、対日レジスタンスのセーリー・タイが少しかかわっている。アメリカでレジスタンスを組織したセーニー・プラーモートは戦後すぐにタイの首相になっていて、その弟のククリット・プラーモートもまた七〇年代に第一八代首相になっている。このククリット元首相は『サヤーム・ラット』という、現存するタイ最古の日刊新聞社を一九五〇年に設立したことでも知られる。ここで書かれた記事が、タイは親日であるという根拠のひとつとされるのだ。

ククリット元首相の記事は日本で議論に

なったことがある。『一二月八日』と題されたコラムで、日本を「母親」と表現し、東南アジア各国は日本のおかげで独立した子どもたち、と記したとされる。東南アジア各国が韓国や中国と違い、戦後日本に対して反日感情を口にしない理由として長きにわたって日本国内で広く紹介されてきた。しかし、実はこの記事は存在しないとされる。これを紹介した日本の大学教授が書いた日本語訳が日本初出とされるものの、そこに出典が一切明記されていないのだ。

これに関してボク自身は強くいえる立場ではないが、実在していない方に賛成である。なぜなら、ボクはある作家に依頼されてこの件を調査したことがあるからだ。ほかの作家の取材であって、調査結果をボクが大きな声でいうのはルール違反だが、ちょっとだけいわせてもらおう。ボクはタイ国立図書館で、一九五〇年の創刊直後こそいくつか欠けているものがあったが、サヤーム・ラット初期のかなりの発行号を、オリジナルの紙面で確認した。保存状態がよくなくて、今にも崩れてしまいそうな紙をめくりながら全部に目を通したが、同様のタイトルどころか似た記事さえなかった。ククリット元首相は小説家でもあり、エッセイなども多数書いている。その中で日本に言及した書籍もある。それもタイ語で読んだが、やはりそれに相当する話はなかった。

ドンムアン国際空港から北の方にある陸軍の博物館には、海軍や空軍の博物館と違い抗日の歴史も展示されている。

そもそもタイは連合国、枢軸国のいずれにも加担したくなかったのに日本と同盟を結び、混乱した国だ。そんな国の、頭のいい権力者が日本寄りの記事を書くだろうか。兄は反日派の元首相でもある。なおのことその弟が親日派とは考えにくい。あるいは親日派だったとしても、人間関係が複雑なタイにおいて兄に配慮せずそんな記事を書けるだろうか。

一般のタイ人は確かに日本が好きで、二〇一三年ごろから日本旅行や和食ブームが続いている。国自体も親日ともされるが、実際にはタイ人自身が親日を掲げているわけではない。レジスタンスを支持していたプリディー・パノムヨン男爵は反日派であり、タイで尊敬される政治家だ。ＢＴＳプラカノン駅近くにある大通りは彼の名を取ってプリディー・パノムヨン通り（あるいはソイ・プリディー）と呼ばれる。皮肉なことに、今はタイで働く日本人が好んで暮らす地域になっている。

タイ人は合理的な気質もあって、あくまでも本質部分で国や身内に利益になる方を優先する。なにがなんでも日本、ということはまずない。そうであれば、戦時中に裏で連合国と組むこともしなかっただろう。「タイは親日国」というイメージは、ただ日本人が勝手に抱いているだけなのだ。

## 最後の地に日本を選んだ元帥

日本と同盟状態にありながらも敗戦国の扱いを受けなかったのは、プリディー・パノムヨン男爵のサインがなかったこと、レジスタンスのセーリー・タイの活躍などが影響している。しかし、一番大きかったのは結局、プレーク・ピブンソンクラーム元帥ではないかとボクは思う。

攻守同盟の同意時にパノムヨン男爵がその場におらず署名していないことをピブンソンク

ラーム元帥が見落とすだろうか、と先に書いた。この「その場にいない」という手法は元帥自身も使っているのだから、なおのこと見落としは不自然だ。元帥は首相在任中、東條英機がタイに来た際、体調不良を理由に顔を合わせていない。それ以前、開戦時に日本軍がタイ南部に侵攻した形になったのは、元帥がいなかったことが理由だ。この不在も元帥はわざと姿を消していたとされる。わざといないことにして日本に侵攻させたのではないか。これらの行動がのちのち、不利な状況下で連合国側にするいいわけになる。

当初は通過のみの協定を結びたかったが、実質的な支配下に入るおそれがあったので、元帥は同盟には乗り気ではなかった。しかし、日本側が条項にマレーシアの失地回復（歴史上かつてタイの領土だった地域を取り戻す）に協力するという一文があって、元帥はそれに魅力を感じたといわれる。その直前にはインドシナ紛争で日本の仲裁によりラオスとカンボジアの領土を取り戻していたことも頭にあっただろう。ところが、実際の攻守同盟の条文ではわざわざ失地回復の部分は削除してサインしている。この文章があると、のちのちの場合によっては不利になると、締結時点で考えていたのだ。「のちのちの場合」、つまり締結時すでに元帥は日本の敗戦も想定し、マレーシアの失地回復に目がくらんだと判断されては英国にいいわけができない、というところまで読んでいた。

そして、結果的に攻守同盟条約にプリディー・パノムヨン男爵の同意サインもない。元帥はむしろ最初から日本の敗戦の可能性を感じ、男爵のサインがないことを知っていて保険をかけていたに違いない。もしかすると、もともと関係性がよかったふたりなので、大きな芝居を打っていたのではないか。

反日レジスタンスのセーリー・タイも、本来は当時のタイ政府にとって敵と同じだ。タイ国内で五万人規模の組織ともなれば、当時の人口から見れば政府や治安当局がその存在を把握していないわけがない。結局、反日組織を取り締まりきれなかったのではなく、わざと黙認していた。これもまた、日本の敗戦時の連合側への交渉材料として利用できるからだ。

だから、敗戦という混乱からタイを守り、日本をしたたかに利用したのはやっぱりピブンソンクラーム元帥なのではないかとボクは見るのだ。政界を追われ、戦後は戦犯として投獄されてはいるが、その後戦犯は取り消され、さらにちゃっかりと政界に戻り、元帥は戦前と合わせて実に八回もタイ首相に就任している。

プリディー・パノムヨン男爵は四九年に海軍と共にクーデターを起こして失敗し、中国に亡命して二〇年を過ごし、フランスで亡くなった。ピブンソンクラーム元帥は五七年にクーデターを起こされ失脚してカンボジアに亡命後、神奈川県相模原市で六四年に亡くなった。

元帥自身は親日派だったにしても、ああいった形で戦争はおわっている。それでも友人が多かったこともあって、亡命生活の先を日本に選んだ。日本人だと「いやあ、裏切ったしなあ、頼れないよなあ」と考えてしまいそうだが、ちゃんとそうはならないよう考え抜いたうえでの人間関係構築だったのだろう。そう考えると、やっぱりタイ人というのは頭がいいのだなと思うのである。

# 第7章　タイのアンタッチャブルは貧困層ではなく……

## 「王様」は平民に勝ち、貧民にも勝つ

禁酒時代のアメリカで莫大な利益をあげたマフィアのアル・カポネを追う捜査官を描いた『アンタッチャブル』という映画があった。そのタイトルはカポネや、腐敗して捜査のメスを入れられない警察組織内部などを指すわけだが、辞書を引くと「触れることができない。転じて、言及したり関係を持ってはいけない存在や領域。不可触民。インドにおけるカースト制度にも外れた最下層の人々のこと」と出てくる。

タイにもアンタッチャブルがいる。インドの不可触民も意味することから、低所得者層がそれに該当すると思うだろう。しかし、現実は真逆だ。考えてみれば単純な話で、タイにお

いて平均所得を稼げていない世帯が九割はいるので、低所得者層がアンタッチャブルだとしたら、タイそのものが不可触な国になってしまう。他方、富裕層はほんの一部であり、そのひと握りが大きな権力を持ってタイ全体を支配している。つまり、タイのアンタッチャブルとは富裕層の方だ。

ギャンブルのマンガを原作とした日本映画『カイジ』の中で、王様と平民と貧民をぶつけあうカードゲームのシーンがあった。王様は平民に勝つが、失うもののない貧民は逆に王様に勝つというルールだ。実際、それもまた真理ではある。しかし、ことタイにおいてはこのルールは通用しない。確かに、まったく失うもののない超貧民層は平民よりは強いかもしれない。しかし、タイでは失うもののない人間でさえ、富裕層を越えることはできない。

近年、若者が好むエクストリーム系スポーツなどを中心に、必ずといっていいほど見かけるのが、赤い牛がぶつかりあう「レッドブル」というエナジードリンクのロゴだ。実はこのレッドブル、もともとはタイで生まれた飲みものである。日本のリポビタンDがタイで発売されたことがきっかけで、その後タイ産のエナジードリンクが開発されはじめた。その中で最初のタイ産ブランドとして登場したのが、中華系タイ人の創業者が独自に開発した「グラティンデーン」という商品だ。有名ではあったものの当初はそれほど売れていなかった。そ

タイ国内向けグラティンデーンのリニューアルされた瓶。

んなドリンクの海外販売の権利をオーストリア人実業家が買った。そして、一九八七年にレッドブルという名称で発売される。

グラティンデーンの創業者は太平洋戦争より前にタイで生まれているタイ華人の子で、生家は貧しかった。学はなかったものの六〇年代に製薬会社を設立し、七六年にグラティンデーンを発売した。その後レッドブルの発売により、レッドブルとグラティンデーンの株式の過半数を保有し、二〇一二年に死去した時点ではタイで三番目の大富豪になっている。

この流れからもわかるように、この一族は大金持ちではあるものの、いわゆるタイ財閥というわけではない。タイ富裕層の中ではやや特殊な形でのしあがったからだ。創業者が生まれたころはまだ今の財閥や富裕層たちの地位が完全に確立されてはいなかったので、ぽっと出の人でも富裕層の仲間入りを果たせる時代ではあった。しかし、グラティンデーンは低所得者層をターゲットに販売を開始していたこともあって、結局タイ国内のエナジードリンク市場でシェアトップになれなかった。ただただ運よく外国人起業家の目にとまり、かつその事業が成功したことで株式の価値があがって、一気に資産総額が増えたに過ぎない。

タイ富裕層の中で特殊な立ち位置にいることで、グラティンデーン一族はほかの一族とは状況が異なっていると思う。その一例が、創業者の孫が引き起こした交通事故の顛末《てんまつ》だ。一二年に起こった事故で、この記事を執筆している二三年八月時点でまだおわっていない。この交通事故は、創業者の孫が警察官をひき逃げしたことが発端だ。警官を長い距離、フェラーリで引きずって死亡させている。発覚したのは、警察が破損で漏れたオイル痕を追ってみるとグラティンデーン一族の家にたどりついたからだ。ちなみに、創業者はタイで唯一のフェラーリ正規販売店の共同出資者でもある。

もしこのとき、ほかの富裕層のように正直に（というのが合っているかどうかわからないが）遺族に謝罪し、それなりの賠償金を支払えば、この件はうやむやになったと思う。ところが、ボクが推測するに彼らはタイ富裕層のネットワークと異なるところにいたため、警察や軍部あるいは法曹関係に強いコネクションがなかったのではないか。同時に、事故後のこの一族の対応が、いくらタイでもひどかった。警察も対富裕層に行動を起こすに至っている。

この孫は飲酒とコカインの使用で酩酊《めいてい》していたとされる。そのため、自宅に逃げこんだ。当初、警察も富裕層の邸宅なので突入ができない。どの高官とこの家がつながっているかわからないからだ。とはいえ、仲間を殺されたという警察のメンツもあって黙殺もできない。そして警察幹部と一族の交渉の結果、出頭の約束を取りつけたが、出てきたのは使用人のおじさんだった。運転していたのは自分だという。しかし、孫が運転していたことがわかり逮捕状が出るも、結局今もその孫は捕まっていない。正確には、一時期は捜査が進んで勾留もしたが、保釈中にまんまと国外逃亡されてそれっきりだ。

使用人を差しだすなんてコントのような話だが、これが事実なのだからすごい。普通に考えて富裕層の人間が使用人にフェラーリを運転させるはずがない。なにせ日本の三倍近い値段なので、ドアにだって触らせるはずがない。使用人も逆らうことができずに出頭しているが、仮にそのまま逮捕されていたとしたら一〇年は刑務所に行くことになる。それについてはどう考えていたのか。結局、事故よりもこの茶番の方がタイ社会の縮図だと思う。

## 大衆による富裕層批判は詰めが甘い

グラティンデーンの孫の事件に関しては警察も事件当日こそ尻ごみをしていたが、それでも捜査に着手した。実は、その背景には国民の声もあった。

それ以前のタイでは、富裕層はもっとやりたい放題だった。ある悪名高い政治家の息子たちはあちこちでケンカし、周囲の車の運転が気に入らなければ自分の高級外車で体当たりをする。さらにはどこかのディスコにて公衆の面前で人を射殺したが、刑務所に入らなかった。なぜなら目撃者がどんどんいなくなるからだ。父親が圧力をかけ、警察や裁判での証言をやめさせたといわれている。たぶん、有力な目撃者は殺されたのではないかなとボクは思っている。人を殺しても刑務所に行かない。これこそがアンタッチャブルである。

しかし、スマホの普及とネットの発達で一般市民たちが声をあげられるようになった。マスコミも取りあげ、世論も動いてしまうので警察も無視できないし、富裕層も公に悪さができなくなる。警察官僚も「今は賄賂でもみ消せるのは交通違反だけ」というようになったくらいだ。

ところが、いいなりをやめた中流層たちによってタイがクリーンで平等な社会になったのかというと、そんなことはない。中流層や低所得者層は残念ながら詰めが甘い。

学校で裁判の流れなどを教えてもらわないのだろうか。一般タイ人たちが富裕層の不正に大きな声をあげることで、富裕層の逮捕も実際に増えてきた。けれども、多くの人はそこで勝利を感じ、以降は批判が収束していく。逮捕＝刑務所行きと思っているのか、裁判はなあなあでおわって、場合によっては無罪になっているのに、そのあたりは強く追及していかない。グラティンデーンの孫も前述のとおり国外逃亡し、一七年にタイ警察はインターポール（国際刑事警察機構）に国際指名手配を申請している。しかし、二二年にコカイン使用の罪が時効を迎えてしまった。交通事故に関しても二七年に時効になる。そのためか、二三年時点ですでにインターポールの指名手配は取りさげられている。この容疑者の国際指名手配が取り消されているのを知っているタイ人はどれくらいいるだろう。

このように大衆の詰めが甘すぎて、結局は頭のいい富裕層が陰でほくそ笑んでいる。毎日何百万円使おうが痛くもかゆくもない富裕層が裏で手をまわす費用なんて、それこそなんでもない金額だ。こんなご時世になってもなお、富裕層だけが得をするようになっているのだ。

## タイ国内のもめごとのまとめ役は国王だった

多民族国家で共有する背景が乏しく、歴史的にも地理的にも隣国からの侵略などで明日にはすべてが一転してしまう国で、唯一不変なのは家族との絆だけだ。他者はいつまでも外部の者であって、自分の意見を押し通すことが家族の利益を守ることになる。だから、タイ人は他人に干渉しないし、されたくない。そのメンタルゆえに、ＳＮＳで誰かを弾劾《だんがい》しようとも心の奥では他人事に思っているのかもしれない。

仏教徒が大半のタイでは徳を積むためのボランティア活動が一般的だ。寺院での喜捨も日常的に行われる。これらは来世のための功徳であって、裏を返せば結局のところ、自分のことしか考えていない。ある意味では徹底して合理的で、利己的、個人主義的なので、ＳＮＳで声を出すものの、自分の利益にならないうえに、下手をすれば危険な状況に陥るので、深入りはしない。

そんな性質を把握しているからか、おとなしく裁判は受けるものの、その後はしれっと社会復帰している。意のままに人を操る富裕層と、タイの教育の成果で逆らうことなくこき使われるだけではあるもののそこに幸せを見出している中流層と低所得者層でタイ社会は構成される。そして、さらにこれが多民族に分かれるという、非常に複雑な国民構成なので、意見の相違による争いや、権力者が個人的利益を守るために行う政治的なクーデターが多い。タイで選挙が行われる際、選挙当日はアルコール販売が禁止になる。それくらい、一般市民レベルでも争いが起こる可能性がある。ただ、一般市民が実際に政治によってなにかしらの恩恵を受けるということはそうない。国内の大きな動きは基本的に富裕層間の利害関係の争いに過ぎないからだ。

〇六年から続くタイの政情不安における反政府集会は、参加者の多くが活動家から日当をもらっているとされる。活動家には必ず富裕層のスポンサーがいて、そこから資金が出ているのだ。つまり、タクシン派、保守派、近年は軍事政権、そして新興の第三勢力に分かれて闘っているものの、本当のプレイヤーは表には出てこない裏の安全地帯にいて、結局みんななにかしらの権力者であり富裕層だ。ある首相経験者は保守派の筆頭で、実はその人物の自宅内には、隣接するタクシン派大物の自宅との通用門があるという。裏では本当は両方がつながっているのかもしれない。

日本でも金持ちケンカせずなんて言葉があるが、タイの富裕層はもっと複雑で、表向きは

2014年のデモに参加させられている犬。

ぶつかりあわない一方で、裏では密かにバチバチにケンカしている。そうかと思いきや、表でケンカしているように見せかけて、裏では通じあっているともいえる。いずれにしても、最終的にどんな結果を迎えようが、犠牲になるのは中流層以下の人々だ。結局、一般市民が代理戦争をさせられているだけに過ぎない。

普通に考えれば、裏でなにかやっていればすぐにバレてしまうことだろう。それでもタイ人権力者は頭がいい。おそらくそれも織りこみ済みで動いている。そもそも今の政情不安はどこに着地しても結果は同じだ。一四年の軍事政権樹立時、その前に一〇年近くも赤色・黄色としてもめてきて疲弊した一般市民は、当時の第三勢力であった軍事政権を歓迎した。しかし、それから一〇年がまた経過したら、結局振りだしに戻っている感がある。

それでも富裕層たちがとりあえず心置きなくケンカができるのは、やはりタイが王国だから、という点がある。どこに着地しても本当のトップは変わらない。それは、タイで最も強大で資産のある、富裕層を超越した絶対的権力者、つまり国王だ。国王陛下と王室が頂点にいる限り、いわばタイという国はひとつの家庭のようなものだ。今の状況は、子どもたちが兄弟ゲンカをしているだけともいえる。

実際、歴史的にも国王の鶴の一声というものがタイでは何度も起きている。一九九二年の「暗黒の五月事件」と名づけられた政変では多数の死者がデモ隊側に出た。治安維持部隊による虐殺でもあり、これを知ったラマ9世国王が調停に入り、すぐさまこの事件は収束している。〇三年にタイ人女優の発言が原因とされるタイとカンボジアが戦争になりかけた事件も、ラマ9世王がタイ政府とカンボジアの間に立ったといわれており、事態は一瞬で収束した。

特に九二年の調停はタイ人に強烈な印象を残したのかと思う。〇六年、〇八年、それから一〇年、一四年に反政府活動が泥沼化した際にも、おそらくタイ人のほとんどが「最悪のときは国王が助けてくれる」と思っていた。タイという家族において、国王という父親がいてくれるからこそ、子どもたちである国民は大いに暴れられた。ただ、その子どもは富裕層の連中のことであって、それ以下の階層の人たちはその他大勢といった扱いであるが。

## 国王に向かって声をあげはじめた若者たち

プミポン・アドゥンヤデート王は、現王朝チャクリー王朝の九代目の国王にあたる。ボクは、この国王は昭和天皇に似ていると思う。歴代国王の中でもラマ9世王は特に、戦後における昭和天皇のように国民に寄り添った王様だったからだ。そのため、タイの教科書や肖像画にはラマ9世王がカメラを首にさげて地方を視察する姿や、国民に目線を合わせて話しかけている様子が描かれている。実際にそのような行動をされ、たとえばダムを造って治水をしたり、困っている民衆の助けをした。タイの現王朝の歴史の中で最も人気があり尊敬されたのがこのラマ9世王だ。

しかし、残念ながら、二〇一六年一〇月一三日に崩御された。この日から本葬儀が執り行われた一年後まで、タイ人はみな黒基調の服を着た。崩御したシリラート病院からエメラル

スラム街の子どもたちもラマ９世王崩御から１年間は喪に服して黒服を着ていた。

ド寺院の王宮まで亡骸《なきがら》が移送される際、多数の国民が道路脇に詰めかけ、そこから一年間、王宮前はタイ全土から別れの挨拶に来る国民で溢れかえった。

　その後、ラマ10世王として、ラマ9世王の第二子であり、第一王子だったワチラロンコーン王が即位し、現在に至る。ラマ9世王は八八歳で崩御しており、在位期間は七〇年四か月と長かった。そのため、ラマ10世王は七〇代になっていて決して若い年齢ではない。しかもラマ9世王在位中は国王人気の陰になるため、国民に対する露出が少なかった。

　ラマ9世王は〇七年ごろから体調を崩され、表舞台にあまり立たなくなっていた。

これもあって、〇六年以降は政治に関する発言がほぼなく、タイ人が望んでいた調停もなかった。さらに、表舞台に立たなくなったことで、特にリアルタイムでラマ9世王の活躍を見てこなかった若い世代にはだんだん国王陛下が遠い存在になっていったのかもしれない。そして、ネット社会が発達し、富裕層の悪事を暴いてきたSNSでは、これまでタイ国内では目にすることのなかった国王や王室に対する悪い噂に出くわす機会もできてしまった。

今でもタイでは映画館での映画上映時に国王賛歌が流れ、八時と一八時には国歌が流れて各地で国旗の昇降が行われている。ニュースにも王室の活動を報道する時間が必ず設けられている。タイ王室を描きミュージカルや映画にもなった『王様と私』は、タイでは上映禁止だ。家庭教師の外国人と国王が対等な関係であることがいけない。日本では、皇室の方の結婚に関しての報道ではアメリカに居住だなんだといろいろなニュースがあったが、タイでは絶対にああいった形の報道はない。というか、できない。タイには王室不敬罪があるからだ。この法律は欧州などと比較して旧態依然だと国外から批判されることもある。タイは王国なのだからそんな法律に違和感はないとボクは思うが。

これまでは国王や王室に対しての敬意を欠いた発言は絶対に許されなかったが、ネットの発達によってタイの法的拘束力が届かない場所からタイの闇の部分が暴露され、若者がそれを見ている。今や若い活動家を中心に一九年ごろから、当時の軍事政権への批判だけでなく、タイ富裕層の頂点でもある国王や王室にまで批判の声があがっている始末だ。二〇二〇年年初の時点では、ラマ10世王陛下も寛容に対応するようタイ政府に指示をしていた。日本だったらこれに対してそれこそ空気を読んで沈静化するところ、空気を読むことのないデモ参加者たちは調子に乗って、さらに発言が過激になる結果を招いた。

このデモ隊の国王への嫌味を掲げたプラカードをボク自身が初めて見たとき、「こんなことがタイで起こるなんて」と衝撃を受けたものだ。同時に、時代が変わりつつある雰囲気も感じた。ところが、暴れまわるデモ隊の中には政治に興味がなさそうな層まで参加しているように見える。そして、煽られて暴力的になるのか、ときには警察と衝突している。若い熱気なのかと最初は思っていたが、日当をもらいたい暇な人たちがほとんどだったのかなと今は思う。結局、この資金源は富裕層のはずで、徐々にこれまでの反政府集会と似たような集団になっていった気がする。

反政府デモが活発化する中で憲法裁判所は活動家たちに対し、王室に対する批判は違憲と結論を出し、王室批判をすぐさま中止するよう命じた。タイという国は現王室が築いた国なのだから、立憲君主制とはいえ、国土と国民は国王の所有物であり、メディアも特に王室に関しては統制される。一部のタイ人が「タイは資本主義の皮を被った共産主義」と皮肉をいう。それくらい、実は自由に制限がある。しかし、やっぱりここは王国で、国王と王室に近しい権力者のための国なのだから、「自由に制限がある」というよりは、「自由」の意味が世界標準とは違うと解釈した方がいい。もちろん、世界の一般的、普遍的な資本主義や民主主義がどういったものかをネットで知った若者たちが声をあげるのもわかる。結局、王室不敬罪はある意味では明確にタイのアンタッチャブルの頂点がどこ（誰）なのかを指し示しているともいえる。ネットで富裕層の悪事を追及してきた人々が、最も深い場所にいるアンタッチャブルにその目を向けるのもまた、時代の流れだ。

いずれにしても、昨今の若い人を中心にした反政府活動の中で王室不敬罪に言及することを違憲判断した流れは、選挙をすればタクシン派が勝ち、それを保守派が理由をつけて潰すという、〇六年から続いてきたタイ政治問題と似たようなステップを踏んでいる。タクシン派が勝てば、保守派が騒いで違憲判断が出され、選挙が無効になる。この繰り返しだ。そうなると、今後はタイ政府側の鎮圧の力も強くなり、デモ側もアンタッチャブルでデリケートな部分を批判した以上、おとなしく和解することはありえないだろう。要するに、どちらかが潰れるまで争うしかない。おとなしく和解するとすれば、第三勢力がタイ政府を先導し、これまでの流れが断ち切られるときだろう。まあ、最終的には保守派が気に入らない新政党、新勢力はなんだかんだ潰されるので、そうなる可能性は低いけれど。

現状、タイの政治関連は泥沼に片足を突っこんでいる状態だ。いろいろな権力者のさまざまな思惑が表でも裏でも飛び交っている。二三年八月にタクシン派が政治に返り咲いているが、執筆時点ではすべてのタイ人が今後の行方を静かに考察している。しかし、誰が政治的に上に立とうとも、それぞれが一枚岩ならいいが、みんなが自分の利益をまず優先している。最近の若い活動家による反政府運動も第三の勢力だとか、新しい風のように見えるが、やはりどこかの富裕層が金を出しているとされる。それが本当なら（資金源的には本当であるとしか思えないが）、やっぱり表に立つプレイヤーが交代しただけの話だ。中身はどうであれ、結果がどうであれ、最後に笑うのは富裕層であり、タイはずっとこういう国なのである。

# 第8章　問題児だけどタイのよさを持つローソサエティー

## 血の気が多く騒々しいタイ人

タイの隣、ラオスの首都ビエンチャン在住の日本人がいった。

「タイ人ってなんであんなに怒りやすいんでしょう」

ほぼ同じ出自の民族であるラオス人はタイ人のように怒ることがないので、タイに行くと異様に見えるという。

二〇二三年六月に、日本で陸上自衛隊の新隊員が射撃場で上官らを殺傷した事件が大きなニュースになったが、タイでも軍人や元軍人による銃器犯罪がよく起こる。近年の大きな事件では、東北地方のナコンラチャシマー県で二〇二〇年二月、上官の私的なビジネスでこき

ビエンチャンのナイトマーケット。穏やかで誰もケンカしていない。

使われた兵士がキレて、上官とその家族を射殺したあとに商業施設に立てこもり、一般人二九人を殺害し、五八人の負傷者を出した。これを見ると、日本の自衛隊の事件は民間人を巻きこまなかっただけマシと思えてしまう。

こういった環境に慣れて忘れていたが、いわれてみれば確かにタイ人は驚くほどにカッとしやすい。日本でいう瞬間湯沸かし器タイプが多いのだ。普通ならカッとしても暴走はしないものだが、前後の見境がつかなくなり、文字どおり「キレて」しまい、誰かを殺してしまうという事件がタイではよくある。そのため、タイでは日々、ニュースにならないくらいにひどい事件が起こっている。

血の気の多い若者がケンカっ早いのはまだ理解できる。しかし、性別問わず中年・高齢者も暴力事件を起こしているのだから手に負えない。最近の日本では煽り運転などがよくニュースに出てくる。タイも似たような交通トラブルはよくあるが、そこから暴行や発砲事件に発展しやすい。高速道路で時速約一二〇キロからほぼ停止状態に近いくらいまで急ブレーキを踏むこともある。かつて、客を乗せたタクシーがボクの斜め前でほかの車に対してそういったことをしたところを見た。報復相手だけでなく、自分の車だってほかの車から追突される可能性もあるのだが、そこまで考えていない。

　怒りをコントロールすることを最近はアンガーマネージメントなどという。当然ながらタイにそんな言葉はないが、富裕層は感情のコントロールがしっかりしていると思う。ただ、それがいいことだというわけではない。富裕層は下層の人を人間とも思っていない人も少なくないので、その場では怒らなくても、あとでもっと陰湿な仕返しをすることもあるからだ。

　本書冒頭から、タイが微笑みの国というのは虚像だと書いてきた。短気に関してもタイ人は自覚しているのか、穏やかに話すことを美徳とする。しかし、これも現実と理想がしっかり乖離していて、実際は騒々《そうぞう》しい人たちだとボクは思う。ただ、商業施設などではそれが功を奏して活気があるように感じる。これに慣れると、日本の商業施設や電車内などの静けさの方が不安になってくる。

## 怒りをぶつけるにも序列とルールがある

富裕層やある程度ちゃんとした地位にいる人、あるいはそれなりの金額を扱う職業の人は基本的には冷静で、表立って怒りをあらわにすることはそうない。逆にいうと、瞬間湯沸かし器タイプは職業や社会的地位がある程度絞られてくる。わかりやすいところでいえばタクシー運転手やバイクタクシー、売春などに関係するバーなどの店員が多い。どうしたら人間はこんなに怒れるのかというくらい、イライラしている。

バイクタクシーに乗ったときのことだ。ボクは明確にどこそこに行きたいと告げたが、相手が聞き間違えた。ただ、行きたい場所はすぐ近くであり、聞き間違えた方の行先はずっと先だ。ならばそこでボクを降ろし、また客を取ればいいだけの話である。しかし、バイクタクシーのおっちゃんは怒り狂った。タクシー乗車拒否もよくある。一応禁じられているものの、取り締まる係がいないので横行している状態だ。メーターを使わず、割高な料金をふっかけてくることもある。タクシー料金はボクが初めてタイに来たころにメーター制が導入され、当時から初乗り料金は据え置きのままだ。上乗せしたい気持ちもわからなくもない。解《げ》

タイの外国人向け歓楽街には外国人に対してイラつくタイ人が少なくない。

せないのは、行先を告げる時点ですでに怒っている人だ。夜の歓楽街周辺のタクシーも、なぜか怒っているドライバーが多い。いずれにしても、怒りっぽい人に共通しているのは、中流階層の下から低所得者にかけての層という点だ。

とはいえ、彼らは誰彼構わずに怒っているのかというと、必ずしもそうではない。タイ人は特に人間関係に対しては誰もが敏感である。たとえば、子どもにとっては学校が世界のすべてであって、ボクが子どものころは運動ができる、勉強ができる、友だちが多いなど大したことのない特徴のパワーバランスで人間関係が成立していた。まだ視野の狭い子どもたちにだって、子どもたちなりの序列とルールがある。それと同じで、タイ社会にも外国人にはわからないパワーバランスがあって、それに逆らうこともはみだすことも許されないという、見えない強制力がある。タイは権力者と被支配層が最も大きなバランスの要素だ。こういった世界でどんなにがんばっても言いあがれない人たちは常にフラストレーションを抱えている。若ければあがくこともあるが、大人になるほど上には逆らえないことを身に染みて理解し、自分より下の人たちにあたってみたりする。確実なこととして、富裕層などの上の人に彼らは怒りをぶつけない。

　外国人にはなにをいっても、タイ社会の蚊《か》帳《や》の外なので問題がないと考える。怒りっぽいとはいえ相手を選んでいるので、実はある種の冷静さを持っている。残念ながらタイの低所得者層は学もなく、貧しさから働かなくてはならずアレコレ考える暇もないので、彼らの目に映る世界は非常に狭い。タイにやってくる外国人をよそ者が土足で家に入ってきたとか、遊んでいるのに金を持っていやがるとか、卑屈になって、それが暴言などにつながることもある。外国から来たといっても、この旅行のために金を貯めてそれをタイで使っているとか、彼らは微《み》塵《じん》も想像できていないのである。

## ナチュラルに外国人を見下す理由

日本の経済産業省が二一年三月にまとめた「医療国際展開カントリーレポート　タイ編」に掲載されている所得分布図を見ると、平均世帯収入以上を得ているのは二〇年度で三五・九パーセントとなっている。ボクがたびたび主張するタイの格差社会も案外それほどではないのではないか、という疑問も出てくるだろう。しかし、この資料で最も多い三二・二パーセントを占める収入帯が「約二・六万〜約九・三万バーツ」となっている。所得分布の実態を垣間見るにはやや幅が広すぎはしないか。執筆時点で平均世帯収入が二・七万バーツの中、この層だけで六万バーツ超も幅がある。いずれにしても、この資料でさえ平均未満の所得世帯が半数を超える六四パーセント超も存在することがわかる。

これまでは一般市民がハイパー富裕層に押さえつけられているというニュアンスでタイのいい面・悪い面を炙《あぶ》りだしてきたが、ここでは低所得者層にもまたよくない部分があることを指摘したい。在タイ日本人の中にはこういうことを書くと反発する人も少なくない。タイは治安が悪い一方、在タイ日本大使館の邦人保護ではタイ人の犯罪ではなく、日本人同士のトラブルの相談が一番多いそうだ。日系企業の駐在員の家族が犯罪に加担しているケースもある。結局、在住日本人の敵は日本人だったりするわけだ。ほとんどの日本人は同胞やタイ人と友好的に暮らしている。その中で自称「タイ好き」は実際にタイ人といい関係を保っているとはいえ、とにかくタイ人やタイという国を褒めるだけ褒める。そのため、本書のような書き方をする記事に、タイ人保守派富裕層のように、条件反射的に反発してくる。ボクからすれば、こういう日本人は大概タイ語ができず、タイ人の本当の姿を見たことがない。ボク自身、誰にも負けないくらいのタイ・フリークだと思っている。だから、ちょっとやそっとではもう幻滅もしない。それもあって、逆にタイ人をステレオタイプで判断する人ほど、ちょっとのきっかけでタイやタイ人を嫌いになるタイプだと思う。そんなタイプはタイを語るには浅すぎるとボクは見ている。

　何度も書いてきたが、タイの権力者たちがその他の人々、すなわち中間層や低所得者層の人たちを統制するための手段としているのがタイ式の教育だ。

　ボクがタイに初めて来た九〇年代後半は、大学に進学できるタイ人は一部の優秀な人だけだった。国立であれ私立であれ大学は学費がかかるので、保護者もしくは学費出資者の経済力も問われた。その後、タクシン元首相時代に大学が増設され大卒者も増え、逆に今は大卒であることが就職や能力のアピールにならない。社会環境が改善されたように見えて、全体が底あげされたことで結局なにも変わっていないといえる。他方では低所得者層は家業を手伝わないともっと悲惨で、家業を手伝わないと生活がままならず、学業に専念できないし、結果大学に行くこともできないどころか、中学や高校にも行けないくらいで、より格差が広がってしまった。子どもは周囲の環境に左右されるので、低所得者層の地域に生まれてしまうだけで、そこから抜けだすことが難しくなる。

いずれにしても、タイの公立校は教育水準が決して高いとはいえない。地域差が大きく、居住地域によって教育水準がまるで違う。私立校と遜色《そんしょく》がないところもあれば、生徒どころか教師のレベルがよくないところもある。越境入学という手もあるがそれなりに金がかかるし、そういう根まわしが面倒で、金がある人は私立校に入学させるのがタイではあたりまえだ。

タイは王国なので公立・私立に関係なく、国王を敬うように教育される。これは同時に愛国心を育てるプログラムでもあり、タイに生まれたことを幸運に思い、国王の下に生まれたタイ人は優れていると学ぶ。この教育の弊害は、タイ人以外の民族は自分たちにおよばないという考え方に偏ってしまうことではないかと思う。

バンコクの旧市街。生粋のバンコク人とは本来はこの辺りの出身者を指す。

タイでは、建築現場などの重労働はミャンマー、カンボジア、ラオスといった周辺諸国の人々が担っている状態だ。タイ政府もこの三か国に対しては労働許可証と滞在許可証の発行基準をほかの国より緩めている。タイではオフィスワークなど頭を使う仕事ほど給与が高く、肉体労働は低賃金だ。日本にも嫌われる職業があるものの、その賃金は高いこともある。しかし、タイにおいて嫌われる仕事はおしなべて安い。結果、タイ人は優れているのだから、こういった仕事はこういったレベルである近隣諸国人たちにやらせればいい、という考えに至る背景が見えてくる。

ただ、タイ人にそのことを問いただしても、正直に「見下しています」と答える人はいない。タイは人間関係が複雑であることから、日本人以上に本音と建前を分け、本心をなかなか明かさない。むしろ、本音の部分でさえ彼らには差別や見下しの意識はない。自然体でやっていることであり、無意識で見下しているのだ。

ボクがタイ人のあるコミュニティーに所属していた際、頭にくるくらいに下に見られていたものだ。長く住んでいてもタイ語は母国語でないので、どうしても語彙《ごい》は日本語ほど持ちあわせていない。すると、タイ人は「タイ語が稚拙＝知能が低い」と見なす。高学歴のタイ人でも、ボクが話すタイ語を聞いて笑うこともあった。日本語のように意図せずダジャレのようなことをいったならともかく、普通の会話上である。実はこれは、大なり小なりタイ語学習者がみんな経験することで、タイ人はとにかく外国人がタイ語を話すことを笑い飛ばす。学習者の中にはそれゆえタイ語習得に挫折する人もいるほどだ。

一度、タイ人になぜ笑うのか理由を問いただしたことがある。その回答は「バカにしているのではなく、外国人がタイ語を勉強してくれることがうれしいから笑う」といった、意味不明な、人間性を疑うような回答だった。彼らは明らかにおかしな理論でも建前としてなら平気でいってのけるのである。

ただ、いじめなどの悪質な意図がないのも事実だ。稚拙だから下に見て、人のタイ語発音をバカにするのは、自然にただそう思った・感じただけなのだ。商業施設などでも、たとえば駐車場の警備員は外国人であるボクを見ると、わからないなりに英語を話す努力をして笑顔を見せる。ところが、こちらがタイ語ができるとわかるや否や、突然乱暴な口調に変わる。タイの低所得者層とは全般的にそういう人たちなのである。

## この国の格差社会は絶対になくならない

タイの低所得者層は結局、想像力が足りないのだと思う。たとえばサービス業でこうすれば相手がよろこんで自分へのチップにつながるとか、ここで追い越し運転をしたら事故が起こるかもしれないという、ちょっと考えればわかることに考えがおよばない。しかし、そんな些細な想像力ですら身についてしまえばハイパー富裕層に対する反乱を招く。想像力が足りないのは、そう教育されてきた結果なのだと思う。だからこそ、ハイパー富裕層は子どもをタイの学校に通わせず、少なくとも大学は海外に行かせることが多い。

タイには四季がないので、ひとつの服さえあればずっと過ごしていける。仏教のおかげで、困っている人を助ける行為が自然とできる。困窮してもなんだかんだ生活はどうにかなってしまう。そうなれば、先々のことを深く考える必要もない。日本のしょうもない若者や大人が「今は本気を出していない」みたいな人生のいいわけをするが、本気を常に出していない人は正念場でも本気は出せない。それと同じで、考えることをやめれば、そういう生き方しかできなくなる。こうやって、想像力が著《いちじる》しく低い人間ができあがっていく。これがハイパー富裕層の望んできた低所得者層の姿なのではないか。

　低所得者たちは、ハイパー富裕層らのいつでも捨てられる駒になっているのに、自身がそうであることに気がついていない。これはある意味では幸せなことではある。人生は金があればいいわけではなく、身《み》の丈《たけ》に合った幸せが目の前にあればいい。実際にそれも真理ではあるのだが、タイでは富裕層があえて貧困層に対し欲張って上を望まないよう仕向けてきた。

　そんなタイは格差さえなくなれば万事解決するのか。ところがそうではなさそうだ。仮に格差の少ない社会へ是正されたとしても、タイがよくなるとは限らない。タイを現場で支える労働力がごっそりといなくなるとしたら、建設や製造業は確実に立ちゆかない。シンガポールのように金融に特化するなど、大きな産業の転換が求められる。いずれにしても今の低所得者層に代わる労働力が必要になる。カンボジアやミャンマー、ラオス人の力に頼るしかないが、タイ人が彼らを軽視しているので、別の社会問題が起こる可能性が高い。根本的に

案外、ローカルエリアに行った方がタイ人のやさしさに触れることができる。

すべてが変わらないと、差別や区別の対象が低所得者層から別の人に移行するに過ぎない。なにより、そうなれば物価も上昇し、外国企業も観光客も離れていってしまい、タイ経済がまわらない。

現状を変えるにはあらゆるものを根本から変えていくしかないのだが、タクシン元首相の当時のやり方が自分らの利益を損ねることをおそれた保守派は、ただそれだけの理由で空港を占拠したり、道を塞いだりしてタイを混乱させ、タクシンに嫌悪感を示してきた。そんな人たちがすべてを捨ててタイをよくしようとは考えないだろう。

最悪の場合は内戦にもなりかねない。

タイの中流階層や低所得者層は、観光客

など外国人と最も多く接する人たちだ。ナチュラルに外国人を見下すが、タイのよさを残しているのもまた中流層や低所得者層で、その気質に触れてタイを好きになった外国人もいる。現状が幸せだと思う（思いこむ）ことで心に余裕ができ、他人にもやさしくできる。根っこは人間本来のやさしさを持っている人々でもある。

ただ、やさしい人々とはいえ、タイもこれだけの情報社会になった昨今、変える必要のある現状があるなら「動かない」という行為は怠慢でしかない。動いたところで富裕層に潰されるかもしれないが、動かないよりマシだ。その点では、昨今の反政府運動をする若い活動家は偉いとボクは思う。要するに、タイが変わらないのは決してハイパー富裕層側だけの問題ではない。タクシー運転手もいい人はちゃんといるが、現実的にタイで怒っている運転手に出会う確率は日本よりもずっと高い。これも人を選んで怒っている。ということは、微笑みも人を選んでしているともいえる。自然にやっているわけではないのに、どこが「微笑みの国」なのか。タイ人とつきあっていくには微笑の裏を読む必要もあるが、実は彼らの「怒り」の感情を理解することが、タイで生活するうえでは大切なのである。

タイは国土も民も国王のものだ。タイ社会を変えるのはすべてを根本から変えること、すなわち、王国であることから変わらないことにはどうしようもない。しかし、これを変えることは、これまでのなにもかもを否定し、ゼロにすることを意味している。そんなことができるわけがない。若い活動家が反政府運動のついでのように国王批判をするが、さすがにタイが王国でなくなったときの混乱まで彼らは想像できていないと思う。

もしそれができるとしたら、今の王室に代わるカリスマが現れないことには難しい。とはいっても、そんな人物がいたら保守派のじいさんたちにすぐさま消されると思う。低所得者層の何千万人という人たちを人間とも思っていないハイパー富裕層にとって、人ひとりを消すくらいでは心にそよ風すら起きない。そしてカリスマが現れたとしても、タイ人というマインドの中では結果、そのカリスマが国王となるだけの話である。不満があるにしても、現時点でタイは絶妙なバランスの上で成り立っているのだ。というわけで、タイはしばらくずっとこのままであるとボクは見ている。

# 第9章　出る杭は打たずに破壊するのがタイ式

## 初めて体験したクーデターは二〇〇六年のあの日

本書の執筆時点では、タイで起こった最後のクーデターは二〇一四年に起きたもので、タイが立憲君主制になった一九三二年の立憲革命から数えて一九回目になる。アユタヤ王朝時代も数知れないほどのクーデターがあったようだし、そもそもトンブリー王朝から現王朝のチャクリー王朝になったのも、初代国王ラマ1世王が反乱を起こしたからだ。〇六年から今に至るまでタイはずっと政情不安が続いている状況で、一時的に落ち着いても、再び荒れた状態に戻っていく。そして膠着《こうちゃく》状態が続くとタイ全体がイライラしだして過激化するという一連のパターンが繰り返されてきた。こうなると、むしろ政治的に不安定な状態がタイの正常なのかもしれないとさえ思えてくる。

近年の政情不安の端緒である〇六年、ボクはすでにバンコクに住んでいた。九月一九日に起こった当時の首相タクシン・チナワット氏に対する軍事クーデターは、本人がアメリカに外遊中だったこともあり、無血クーデターとして成功した。

当日午後、すでに政府庁舎などを兵士や戦車が包囲していたことを知っていた人は近隣住民と一部のマスコミだけだった。というのは、まだスマホもないしパソコンが家庭に一台という時代でもなかった。ボク自身も夜になるまでなにも知らず、夕方に帰宅してもテレビが映らないなあ、くらいにしか思っていなかった。どのチャンネルも国王賛歌が静止画像で流れるだけだった。

夜九時ごろになってから異常に気がついた。テレビは唯一、ネーションという局がニュースを流しており、「軍隊がナントカカントカ〜」といっているのはわかった。当時ボクは会社員だったので同僚に電話をかけてみたが、つながらない。おそらく電話も規制されていた。しばらくしてやっと在住日本人の友人につながったが、彼は普通に夜遊びをしていた。バーのテレビに流れている衛星放送の海外ニュース番組で、タイでクーデターが起こっているといっていたと教えてくれた。しかし、その番組もすぐに画面が消え、軍にシャットダウンさ

9月20日の深夜2時に突然映った、クーデター成功宣言のテレビ放送。

れたようだ。その後、ネーションもニュースキャスターのうしろを兵士が走り抜けた瞬間、バンと映像が途切れる。実にわかりやすいおわり方だと思ったものだ。これが深夜○時ごろだったろうか。

そうしているうちに、全チャンネルに同じ画面が流れた。子どものころに観た、昭和から平成に年号が変わる発表のような雰囲気で、男性が淡々とクーデターが成功したことを宣言していた。

翌日もテレビは映らなかった。ドンパチと銃撃戦が起こるわけでもなく、それ以降もわりとおとなしく遂行されるのがタイ流のクーデターのようである。ボクだけでなく在住外国人の多くが初めて軍事クーデターを目のあたりにしたわけで、クーデター翌日は少なくともバンコク都内の企業の大半が休業になった。

　このクーデター翌日から海外では案の定、軍事クーデターで成立した暫定政府を批判する声が強かった。ただ、ボクから見ても、当時のタクシンはやりすぎた。自身の利益のために法律を変え、軍用機を自家用機のように使っていた。だから、反タクシン派が彼を追いだすには、あのときはこれしか方法がなかったと今でも思う。

　一方で、タクシンが首相になった〇一年から、みるみるうちに街が蘇《よみがえ》ったのも事実だ。九七年のアジア通貨危機でタイは大不況になった。ボクが初めてタイに来た九八年も物価がかなり安く、建設途中で廃墟と化したビルがあちこちにあった。それが、タクシンが首相になった途端にビルが次々と完成したのだ。

　タクシンはほかにも直接的にタイ人の生活における仕組みを変えた。バイクタクシーは当時タイ・マフィアの管理下にあって、運転手たちは場所代として日々売り上げを搾取されていた。その収入源を奪う形ではあったが、区役所での登録制にして、バイタク運転手を組織の支配から救った。麻薬や違法ドラッグに関してはタクシンの命令による売人粛清《しゅくせい》で多くの人が犠牲になったとはいえ、タクシン派が政権に就くとあからさまに麻薬の事件が減る。ナイト・エンターテインメントも変わった。バンコクには二四時間営業バーがどこにでもあったところ、法令どおり深夜二時までの営業になったのもタクシン時代からだ。それから、今はタイ人デザイナーによるファッションブランドが無数にあって、海外にも進出している。これもタクシンが服飾業界に力を入れたことによる。さらに、貧困者層や地方の農民に一日一バーツという安価な掛け捨て保険制度を与え、医療が行き渡るようにもした。

タイ富裕層はとてつもない格差社会の上層にいる。そんな彼らは貧困層を人と思っていない節がある。タクシンは、それが得票の策略だとしても、実質的に貧困層の利益になる政策や制度を設けた。こうして貧困層の支持を得たことで数の勝負ではタクシンが圧倒的に強くなり、既得権益を奪われると富裕層がおそれた。〇六年のクーデターはあくまでも反タクシン派の仕業だが、これ以降はタクシン派・反タクシン派の争いの構造が、一般層と保守層、すなわち富裕層の争いになっていく。

〇八年になってやっと、クーデター時の約束から遅れたものの選挙が行われた。その後も何年かに一度は選挙が実施される。しかし、九割近くを占める中流、貧困世帯の多くがタクシンを支持するので、毎回、選挙はタクシン派が勝ってしまう。そして毎回、富裕層側は納得いかず、あの手この手でタクシン派を引きずりおろす行動に出る。タイの中枢という意味では裁判官も金持ちの家系の出身、つまり保守派側であることは明白で、親タクシン派政権のあれはダメ、これもダメだと審判する。そうして引きずりおろしてまた選挙をすれば、再びタクシン派が勝つ。この繰り返しだ。

〇八年時には開港したばかりのスワンナプーム国際空港を保守派集団が占拠している。これによって多くの外国人が帰国できなくなり、一〇万人近くの観光客が足止めされ、航空業界におよそ五二〇億円もの損害が出たとされる。最終的に韓国を皮切りにいくつかの国の航空機がタイ東部の海軍基地内の滑走路に無理やり着陸し、自国民を脱出させる事態にまでなった。

　こういってはなんだが、保守派は貧困層を見下し、自分たちは高学歴のインテリを気どっているのに、やっていることは子どもじみていて、逆にタクシン派が反政府側に立っているときは民衆に向けて発砲するなど、よほど野蛮だ。選挙の結果が気に入らなければ大暴れするわけで、ボクはその空港占拠こそが一連の政治騒乱の中で着地点を失った瞬間で、なにも解決しないまま今に至っている大きな要因だと思っている。

## 一連の騒乱の中でも最悪だった二〇一〇年の強制排除

タクシン派・反タクシン派の攻防は、野球のように攻撃と守備が入れ替わりながら同じことを繰り返してきている。最近、違法営業の深夜ディスコに行く機会があって、ボクは驚いた。かかっている曲が違うという以外、形式、形態が二〇年前とまったく同じだったからだ。テレビなどで観るタイのお笑いは、絶妙なタイミングで決め台詞を繰りだすことが主流で、その言葉は誰もが予想できるものが望ましい。ここで誰もが思いつかないオチを出せば、ほとんどがきょとんとしてしまう。タイ人は気質にそぐわない新しいことをなかなか受け入れられず、その結果同じことを繰り返してしまう。それも保守的な性格の一端だろう。

〇八年の選挙で勝ったものの裁判所の判決で追いだされたタクシン派に代わって政権に就いたのが、民主党だ。タクシン政権発足以前の与党である。タクシン派もその後、空港占拠で大暴れしてくださった保守派に倣《なら》い、攻守交代してデモを過激化させている。長めの休暇があるタイ旧正月（四月中旬）ごろに合わせて〇九年のこの時期、地方から大量のタクシン派がやってきて、バンコクやタイ各地でバスを燃やしたり、警察と衝突したりの反政府運動を繰り広げた。とはいえ、この年は旧正月がおわるとデモ隊たちはさっと帰った。翌年も同じ時期にデモがはじまった。また旧正月まで暴れるのかと誰もが思っていた。ところが、これが〇六年からの一連では最悪の出来事になる。四月一〇日、バンコクの西にある政府関係庁舎が多い地域でデモ隊の強制排除が実施されたのだ。陸軍なのか警察の治安維持部隊がデモ隊に向け実弾を水平発射し、日本人ジャーナリストの犠牲を含む多数の死傷者が出た。この事件でデモ隊は当時伊勢丹があったセントラル・ワールド前の道路にメイン会場を移す。ここで一か月以上も座りこみが続き、少し南にあるシーロム通りなどでは軍側による迫撃砲が撃ちこまれるなど一触即発の状態だった。

　翌月、一九日水曜日のことだ。早朝から治安維持部隊が動きだし、セントラル・ワールドの南側から一気に攻めはじめる。この一か月、バンコクの多くの企業が稼働できない状態だった。ボクが当時勤めていた会社も同様で、たまたまこの日、支社長の判断で全員出勤となった。車通勤だったのでラジオを聞きながら高速道路を走っていると、レポーターが「ヘリから催涙弾が撃ちこまれている」といっている。都心の方を見ると、反政府側が抵抗で燃やすタイヤの黒煙がいくつもあがっていた。やっと会社に着いて何度も窓の外を見ると、黒煙の発生元がどんどん近づいてくる。逃げるデモ隊を追って会社そばまで軍が来ていた。ボク

当時勤めていた会社の窓からの風景。煙の発生地点が増え、しかも近づいてきた。

は支社長に「すいません、会社と心中する気はないので……」と伝え、帰宅した。

　家に帰りテレビを点けると、ちょうど反政府運動の首謀者たちがセントラル・ワールド前に設置していたステージからマイクで座りこむ参加者らに「いったん撤退しよう」と呼びかけていた。その瞬間、群衆の中から発砲音が聞こえ（テレビ中継では画面の外側から聞こえた）、首謀者たちは逃げだし、そのまますぐ近くのタイ国家警察本部に出頭した。だが、それでは収まらないのが血の気の多い参加者だ。その後、バンコク中に火を点けてまわり、セントラル・ワールドは半壊したし、全焼した建物は数知れない。ボクも荷物をまとめ、いつ

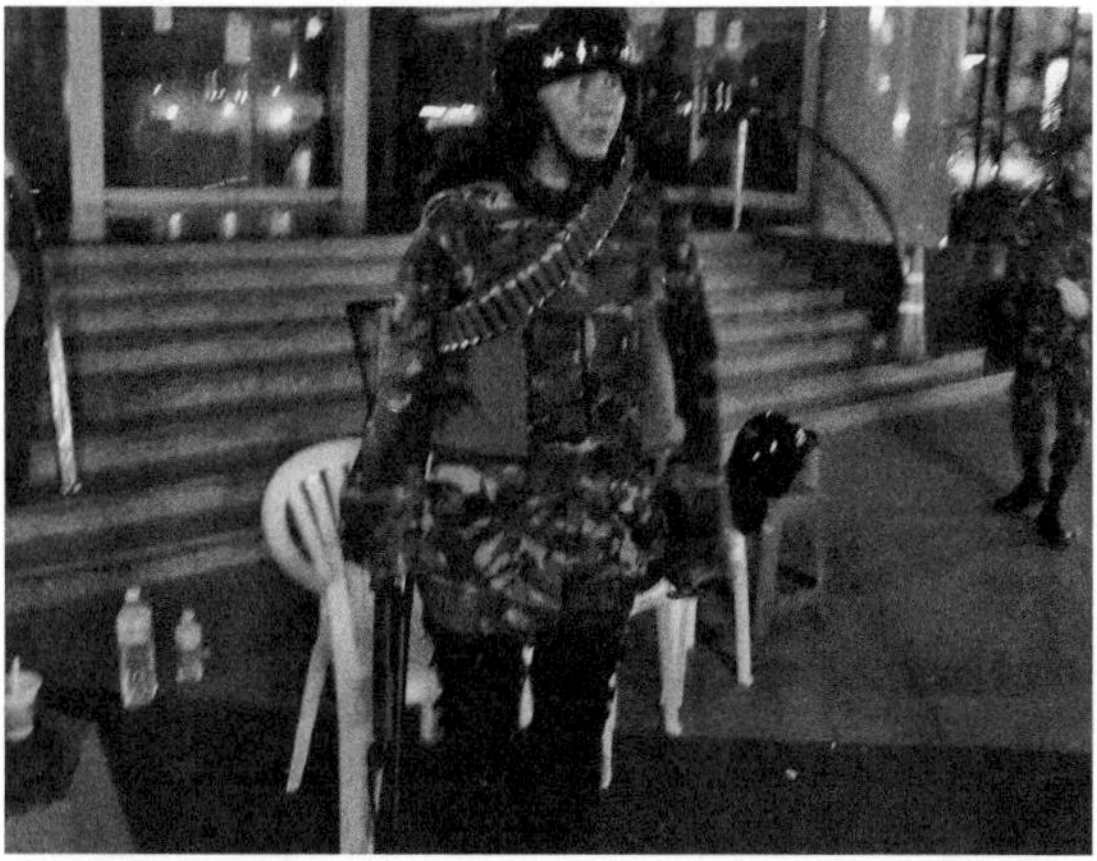

５月 19 日の強制排除前、デモ隊バリケードの近くにいた兵士。実弾装填済みのショットガンを持っていた。

でも逃げられる準備をして、テレビのニュースやネットを翌朝まで凝視していた。

　この日以降、しばらくはバンコクの一部が無法地帯と化した。戦勝記念塔近くの通りにはどちらの派閥かわからないスナイパーが潜み、近隣住民を次々と射殺した。ボクは〇八年の年末まで射程圏内に住んでいたので、引っ越してよかったと思ったものだ。セントラル・ワールド裏にある寺院にデモ隊の女性や子どもが避難していたが、目の前にある高架電車の架橋の上から軍による銃撃があったらしく、ここでも犠牲者が出ている。この四月と五月の強制排除で公には九一人が死亡、一八〇〇人以上が負傷したとされているが、死者はもっと多いとボクは思う。さすがのタイでもこれによって当時の民主党政権が崩壊することになった。

## 疲弊したタイ国民が受け入れた軍事政権

大騒動の翌一一年にまた総選挙が行われ、予想どおりタクシンの実妹インラック・チナワット氏がタイ初の女性首相となった。さすがに疲れたからか、数年間は保守派もわりとおとなしかった。やはりタクシン派が上に立ち、景気も上向きになって、誰もがもうこれでいいじゃないか、という雰囲気になる。

ところが、インラックさんは節々でミスを犯し、徐々に信用を失ったというか、保守派につけ入るスキを与えてしまう。そうして一三年にまた反政府運動が活発化した。保守派のお家芸「経済にちょうど影響を与えるスポットに座りこむ」が実行されたのだ。バンコク都内数か所を封鎖する行動には「バンコク・シャットダウン」とわかりやすい作戦名が掲げられたが、まあ到底インテリのすることとは思えなかったわけである。

このデモは一三年一一月下旬から、プラユット・ジャンオーチャー陸軍大将によるクーデターが起こる一四年五月まで続いた。このデモではインラックを追いだしたい主張ばかりで、そのあとに誰がタイをコントロールするのかというビジョンは弱かったように思う。それまでもそうだったが、座りこみ抗議活動は一種の祭り状態で、演説のために特設されたステージにおいて空いた時間は歌謡ショーだとかエンターテインメントを首謀者が参加者に与えていた。

これまたいつものパターンで、デモ活動期間が長くなると当然ながら参加者以外もピリピリとした雰囲気になってくる。〇八年の時点で着地点を見失っており、おわりが見えないから仕方がない。さらに一四年二月に下院選挙があったが、各地の投票所でデモ隊による妨害があり、正常な選挙すらできなかった。自称インテリが妨害し、富裕層が見下す貧困層が選挙に行こうとする、シュールな展開である。

そしてこれもお決まりの流れだが、同月下旬、何者かによってバンコク・シャットダウン集会場近辺で爆弾テロが起こった。一月からすでに何度か爆弾事件が起こっていて犠牲者も出ていたが、この二月下旬の事件ではついに子どもが三人亡くなってしまう。子どもを大切にするタイ人にとってはかなり強烈な出来事で、これもあってバンコクにいるすべての人の苛立ちがピークに達し、まるで一〇年に起こった強制排除の直前のような不穏な空気を感じた。

（上）2010 年などの座りこみは夏だったのでまだよかったが、バンコク・シャットダウンの年末 1 月ごろは冷えこむ時期なので、テントで寝泊まりしていたようだ。（下）バンコク・シャットダウンにおいて、日系企業も多いアソーク交差点でショーつきの集会が開かれている様子。

こうして五月を迎え、プラユット陸軍大将が戒厳令を発令し、双方の話しあいの場を設けるために政府施設で会議が行われた。その手があったか、というような感じで、同月二二日、突然プラユット大将がクーデター宣言をし、彼を首相とする軍事政権が成立してしまった。限りなく保守派に見えるけれども、一応第三の勢力として、多くのタイ人が「とりあえずこれでいいか」ということで、軍事政権を受け入れる形になった。

## 出てきた杭を壊して化けの皮が剥がれた政府

この軍事政権は当初二年間の期限つきで、選挙をして解散するという公約を掲げた。ところが、実際に選挙が行われたのは五年近くが経った一九年三月だ。その間、憲法を改正するなどの下準備を行い、当初こそあきらめの中で受け入れられていた政権もだんだんと信頼を失っていく。結局、誰が上に立っても似たような流れになっていくのである。

一九年の選挙では結果的にプラユット首相が勝ったことになっている。第一党になったのはタクシン派のタイ貢献党だったものの、プラユット首相率いる国民国家の力党が二番手で、民主党など保守派がプラユット首相側についたことで全体的には軍事政権が勝った形になったのだ。

この選挙で票を伸ばしたのは、一九七八年生まれの若い党首が率いる新未来党だった。反軍事政権側で、新しい党だったにもかかわらず議席数が三番目に多い結果となる人気ぶりだ。若い世代はみんな彼らに投票したが、やっぱり選挙違反を指摘され、党そのものが解体されてしまう。党首も向こう一〇年間は政治活動が禁じられてしまった。

もう一度いうが、結局これもパターンだ。一連の選挙や政治の中で司法裁判所がくだす判決は当然ながら法的根拠がしっかりとあるにはある。軍政による憲法改正などの決定も同じことがいえる。しかし、互いの主張に着地点・妥協点がない状態のタイにおいて一般市民の感情は、その時点のタイ政府が信用ならない、というところに向かってしまう。出る杭は打たれると日本ではいうが、タイでは出る杭は抜いて破壊して捨てる。そんな国柄なので、一般市民に不信感を持たれるのも無理はない。重箱のすみをつつけばボロが出るのは双方が同じはず。しかし、捜査のメスが入って潰されるのは新しい芽だけだ。これで信用されるわけがない。

そうした中で、何度か書いている若い活動家たちが声をあげている。タクシン派でも保守派でもない、いわば反プラユット政権派というこれまた新しい勢力だ。ただ、これまでと違うのは、政権に対する抗議だけでなく、これまでアンタッチャブルだった王室まで批判していることだ。長くタイに住んでいるボクとしては、この声の方が衝撃的だ。

タイは今、ラマ10世王の時代だ。前国王は一六年一〇月に崩御するまでの在位が実に七〇年と、その年数は世界で最も長い。すなわち高齢だったので、君主とはいえ公の場に姿を見せる機会も少なくなっていた。二〇年くらい前まで、タイ国立大学の卒業式ではラマ9世王が全学生へと直々に卒業証書を手渡していた。そのため、国立大学の卒業式は三月ではなく、国王のスケジュールに合わせて行われてきた。卒業証書を直接国王陛下から授《さず》けられるということは、タイ人にとっては最上の名誉だ。しかし、ラマ9世王が高齢になったので、王室のどなたかが代わるようになった。

ボクが思うに、今のその若い活動家たちが二〇代あるいは三〇代とすれば、国王（この場合はラマ9世王）から卒業証書を直接受け取っていないので、その名誉や国王への尊敬・忠誠心が上の世代と比べて希薄なのかもしれない。だから「タイ王国」であるのにもかかわらず、反政府活動の中で王室批判を口にしてしまうのではないか。

ネット社会も少なからず影響している。タイは「民主主義の皮をかぶった社会主義」とタイ人自身から揶揄されるくらい、メディアが統制されている。統制されているというか、マスコミ自体が富裕層や権力者が経営しているのだから、どちらに寄ってしまうかは明白だ。しかし、ネットは必ずしもすべてがその影響を受けるわけではない。世界の情報が入って、他国メディアによるタイ批判も目に入ってくる。

一連の政情不安は〇六年のクーデターから続いていて、プレイヤーが変わっただけだ。プラユット大将は二〇〇〇年代に入ってからの歴代では在任期間の長い首相にはなったが、長くなると反政府運動がはじまるのもこれまでどおり。では、若い活動家の政権打倒が成功したところで、ほかに強力なリーダーはいるのかというと、それにも疑問点がある。

若い活動家の反政府運動の資金源は富裕層だといわれる。将棋でいえば何手も先を読んで動くクレバーなタイ人が、なにかを企んでの資金提供だ。しかし、これも結局はこれまでと同じパターンではある。

タクシン元首相は〇六年のクーデター勃発時、公務でアメリカに行っていた。実は、クーデター直前にタクシンの夫人が大量の荷物を航空機に乗せて海外に出発した姿が目撃されている。つまり、突然クーデターが起こったのではなく、事前に通告されていたわけだ。いずれにしても、そこからタクシンは長い逃亡生活を過ごしてきた。〇八年にタクシン派が政権に返り咲いたときに半年ほどタイに帰国していた時期はあった。しかし、直後に北京オリンピックを観に行くといってタイを出たっきり帰ってきていない。

そして、本書を執筆している二三年八月中旬、タクシンは一五年ぶりにタイに帰国した。事前に、タイで服役すること、政権側に恩赦を求めないといったパフォーマンスを、東京にてメディアに向けて行ったようだ。タイに到着してすぐに収監されたものの、体調不良を訴えて入院措置が取られている。古い舞台作家さんでもつけているのかというくらい、読める展開で微笑ましくなってくるくらいだ。ちなみに暇なマスコミが、タクシンの腕時計を取りあげていて、出発時は数千万円のものだったのが、タイ入国時には数十万円程度の腕時計に換わっていたという。収監時に預ける必要があり、盗難をおそれたのだろう。タクシンはタイのことを全然信用していないのである。

タクシンがこの日に帰ってきたのは、二三年五月に実施された選挙の決着がつき、タイ貢献党のセーター・ターウィーシン氏が新首相に指名されることが事前にわかっていたからだ。不動産王とも呼ばれる大富豪で、しかもタクシン派である。だから、なんらかの恩恵を受けることになる。恩赦であろうことは明確だ。しかし、タクシン派新政権が恩赦を出すとまた保守派の反発を招く。そこで期待されているのが「ある人物」からの恩赦だ。そして、八月のタクシン元首相帰国当日に裁判所で八年の実刑判決がいい渡されると、翌九月に入って大方の予想のとおり、国王陛下が恩赦を出した。こうして刑は残り一年間にまで減刑されている。結局、タイは政治的にいろいろありつつ、富裕層同士の予定調和の部分も少なくない。市民は蚊帳の外というのがタイなのだ。

# 第10章　現代タイ人の日本人観が実はあまりよくない現実

## 観光客にはやさしいが長期滞在者には冷たい

移住したばかりのころ、毎日通っていた麺屋台が一杯二〇バーツだったところを突如三五バーツに値上げした。相席だったタイ人は据え置きなのに、ボクにだけ外国人料金を適用してきたのだ。向こうも最初のうちは珍しい外国人客をよろこんでいたものの、慣れてきたらタイ人と同じ値段にしていることがばからしくなったらしい。こうなっては、もうその店には行かなくなる。値上げがなければ毎日通っただろうから、店も多少でも儲けを毎日得られたはずだ。しかし、タイの商人はそう思わない。売りたくない人には売らないし、来なくなったところで気にもならない。

タイ人は全般的に、観光で来る外国人には愛想《あいそ》がよく、長期滞在外国人には不愛想だ。滞在ビザもタイはかなり厳しくなった。ダラダラ過ごす不良外国人を一掃することが目的だとされる。タイ政府としては金を落とさない外国人はいらないわけだ。それに倣って一般タイ人までもそんな態度になるのか。

結論からいうと、一般のタイ人にはそういうニュアンスはない。特に商売人は、日本の小売りや飲食と違って「買ってもらっている」立場ではなく、「売ってあげている」スタンスでいる。そのため、値上げしたいときに値上げするのは当然のことだ。多民族国家ゆえ共有する常識やバックボーンが全国民で一致しないこの国では、信頼できるのは家族くらいである。だからこそ、人間関係の部外者である外国人はタイ人からしたら最もどうでもいい存在で、低く見る傾向にある。そのため、人間関係のしがらみの中にいるタイ人よりは、嫌われてもなんとも思わない外国人の値段を吊りあげておこうというわけだ。

このような観光時とは異なるタイ人の対応は、多くの長期滞在者が通る道で、すなわちありふれた事象であり、タイ人のひとつの気質とも解釈できる。タイ人の昔からの行動・行為のひとつでしかなく、これが悪いことという認識はタイにはまだない。もちろん、ボク自身も別に悪いといっているわけではない。ある意味ではタイ人がずっと変わることのない、変えることのない部分で、ボクからするとむしろ保守的な一面なのかなと思うだけだ。

現在のタイには自動車工場がいくつもある。日系自動車メーカーはほぼすべてがタイに生産拠点を置くほどだ。しかし、二輪はあるもののタイの四輪自動車メーカーはない。バスやトラックのシャシーを製造する工場はあるのだが、エンジンなど主要製品を生産する技術力がタイにはないのだ。基本的に主要な製造業の多くは外国の企業が担っている。これだけ外国企業に頼っている国なのに、タイでは外国人の地位が驚くほどに低い。タイ人にとって、外国人は利用するものでしかないのだ。ただ、気持ちがいいのは、大企業をしっかり利用する点だ。日本のようにベトナムなどからの技能実習生の労働力を搾取するようなセコい方法ではなく、かといって中国などのように技術を盗むのでもなく、大企業をただ利用するという潔さが憎めない。

## 中国移民の台頭とタイの同化政策

東南アジアは昔から外国人が多かった。背景には、欧州列強国の植民地にされていた事情もある。植民地化を経験していないタイにも外国人が少なくなかったのは、アユタヤ王朝時

アユタヤ王朝はビルマ軍に滅ぼされたことを考えると、タイ人は「外国」を基本的に信用していないのかもしれない。

代（一三五一〜一七六七年）に欧州と中国や日本を結ぶ国際貿易の主要港として知られていたからだ。

　アユタヤ時代は日本の江戸時代（一六〇三〜一八六八年）前後と年代的に重なる。タイはそのころから国を開いており、外国人と渡り歩いてきた。タイ人はこんな大昔から外国人を相手にしてきたのだから、交渉力や人間関係の機微《きび》を読み、誰が権力者かを見抜く力が身につくのは当然のことだ。ときには外国人を手玉に取っていくこともある。タイが植民地化されなかったのはイギリスやフランス政府相手に巧みな交渉をした結果だ。

　現王朝がバンコクに都を置いてからはタイにも近代化の波が押し寄せてくる。モデルとなったのは、やはり欧州だ。警察組織も改革する必要があり、近代化した警察組織の長官に最初に就任したのはサミュエル・ジョセフ・バード・エームズというイギリス人だった。この人物は一八六〇年から実に三二年もの期間を長官として過ごしている。さらに、三代目から五代目の長官もまた外国人だ。国鉄の敷設もイギリスやドイツの技術を導入している。

　こうしてタイは、日本よりもずっと昔から国際市場に深くかかわってきた。タイは外国企業、あるいは外国人の存在なくしては成り立たなかったともいえる。ところが、当のタイ人には外国人のおかげとか、外国企業が来てくれたという、日本人がいいそうな感謝の気持ちは微塵もない。商《あきな》いの姿勢と同じで、来てもらっているのではなく、いさせてあげている、という意識なのだ。

　新型コロナウイルスの蔓延で出入国が制限されるまでは、タイ国内の最も多い外国人は中国人だった。タイを訪れる外国人観光客は日本を訪れる外国人より多い。二〇一八年の訪タイ外国人数は世界の国別観光客数ランキングでも九位に入る多さだった。一九年にはのべ三九八〇万人がタイを訪れている。そのうちの約一〇九九万人が中国人で、国籍別では断トツのトップだ。タイを訪れる中国人が多かったのは、中国政府がなんらかの目的を持ってタイ旅行を推していたという要因が大きい。残念ながらコロナ禍が過ぎて出入国制限が解除されたタイを中国政府が推さなくなったので、執筆時点では中国人観光客はあまり増えていない。

中国企業もタイには無数にあり、なにより中華系タイ人が多い。タイ華人の祖先はほとんどが移民で、タイでは一八〇〇年代以降にその数が増えている。ヤワラー中華街ヘリテージセンターの展示資料によれば、中華系移民数のピークは一九一八〜三一年で、この期間に一三二万七六〇〇人がタイに到着している。その前後も決して少なくない人数がやってきている。今でさえ日本人長期滞在者数が七万人規模であることを考えると、タイにやってきた中国移民の多さがわかる。

東南アジア全般に中国からの移民は多いが、ほかの国とタイへの移民の間には決定的な違いがある。タイには移住初期に国籍取得した華人が多いのだ。移民は今のように裕福ではなかったが、中国との貿易額の増加と中国人の本来の勤勉さで成りあがり、さらにタイ政府の移民同化政策で多くの人がタイ国籍へと帰化し、台頭した。そのため、近隣諸国の華人と違い、タイ華人は中国のアイデンティティーを持たない人が多いほど、タイ社会に完全に溶けこんだ。

現在のタイ華人は三世や四世に世代が移りはじめていて、タイのビジネス界、政治などあらゆる場面で活躍している。タイ財閥のほとんども華人が創業者だ。セブン‐イレブンなどを展開するタイ最大のコングロマリット、かつタイ最大の財閥ともされるCPグループは、元は小さな貿易会社だった。カシコン銀行やバンコク銀行、セントラル・グループといった大企業もまた華人が起こした。政治においてはタクシン・チナワット元首相をはじめ、多くの政治家や役人幹部が中国系タイ人である。

タイの今を語るうえで中国系移民の存在は欠かせないが、ここにタイという国の外国人に対する姿勢を紐解くヒントがあるとボクは思う。

## 外国人は利用するものという風潮

タイへの中国移民は福建《ふっけん》や客家《はっか》系など、中国各地からやってきている。中でもバンコクは広東《かんとん》省潮州《ちょうしゅう》市をルーツに持つ人が多い。これは前王朝の国王、タークシン王が潮州系移民の子孫だったからなど、いくつかの事情がある。

タイ政府は昔から中国や欧州列強国の支配をおそれてきた。それは現在でも法律に表れていて、外国人はタイで土地を購入することができない。国内で中国人が土地を買い占め、最終的に中国に乗っ取られることをおそれたともいわれる。そんな前時代的なやり方があるのか、と思うかもしれないが、これは中国の常套手段でもあり、二〇二三年現在はラオスの一部がまさにその手で国土の一部を奪われるかもしれない危機に陥っているほどだ。

タイ政府の同化政策では、国籍付与の条件として移民やその子どもたちに対してタイの教育を受けることを義務づけた。子どもに教育の機会を与えることができ、国籍も得られるので、ほとんどの移民がこの同化政策に飛びつく。こうして安定した生活の権利をタイで得た華人たちはその勤勉さもあって懸命に働き、今の地位を築いた。無一文の状態から努力を重ね、富裕層へとのしあがったのだ。

今はもう、移民政策は行われていない。極端なのは、移民の同化政策がおわった途端、移民という概念そのものがタイにはなくなったことだ。わかりやすいところでは、移民ビザがなくなった。帰化に関しては条件を満たせば今もできる。ただ、書類を提出する資格を得るまで数年かかり、さらに書類提出から審査までに数年かかるほど、異様に厳しい。同化政策がいかに移住者にとっていいものだったかがわかる。

移民制度もないし、ミャンマーなどからの難民もなかなか認定しない。国籍取得も難しい。タイ人はタイ人と外国人を明確に区別し、タイ政府からすれば外国人を「いさせてあげている」のであり、根底には外国人は利用するものだという認識がそのことから見え隠れする。

タイ国境の難民キャンプで何年も難民認定を待つミャンマー人の子どもたち。

現在においても、タイ人は外国人に対して「来てもらっている」つもりは一切ない。国立公園などの国の施設でさえ率先して外国人料金を設定する。これも「タイ人のための施設に入れてあげている」からというわけだ。

タイの玄関口であるスワンナプーム国際空港、もしくは格安航空会社（ＬＣＣ）発着専用のドンムアン国際空港から市街に向かうタクシーは基本的にボッタクリ価格で対応している。タクシー運転手側を擁護すると、登録制のため規定どおりに空港にいなければならず、数時間も待機しなければいけなくて、メーターだと儲けがないという、空港や政府の運用側の問題がある。とはいえ、乗客にその事情は関係ない。ボッタクリはボッタクリであり、国の玄関、すなわち旅のはじまりでいきなり外国人観光客を不快にさせるわけだ。サービス業や観光業に携わる者としてあるまじき行為ともいえる。これによってタイが嫌われれば観光客が減り、将来的に自分の首を絞めることになる。

　しかし、彼らは今目の前にいる外国人から搾れるだけ搾りとることができればいいのだ。昔からタイでは外国人は仲よくなるものではなく利用するものなので、そういったボッタクリは社会問題にすらならない。空港タクシーの問題は少なくともボクが初めてタイに来た九八年から存在するにもかかわらず、一向に正されることはなかった。一応議論になることはあるが、いつもうやむやでおわってしまう。

　市街地のタクシーも特に外国人に対してはひどいので、管轄当局が対策を何度かしている。たとえばタクシーは決まった場所からしか乗れないよう、タクシー・スタンドを設置した。しかし、これは適用初日から使われなかった。苦情ホットラインもできた。一応、今も有効らしいが、タイ人しか使っていないようで、外国人対策になっていない。車のナンバーなどを控えておくことで車検時などに罰則金を徴収しているようだが、本当に運用されているのかどうか。タクシー内に緊急ボタンも設けられたことがある。それを押すと警察やヘルプセンターにつながる。ところが、設置タクシーに乗ったときに本当に稼働するのか聞いたら、運転手が「押してみればわかる」という。押してみたら、どこにもつながらなかった。

どこの国、あるいはどんな民族でも、自分たちが世界で一番の民だと自負する態度はあたりまえに存在する。日本人も謙虚を売りにするわりには東南アジアで現地人を下に見る傾向がある。それと同じで、タイ人も特にアジア人に対しては冷ややかだ。

タイ人は外国人を下に見ているので、よほど彼らを納得させるようななにか――たとえば権力とか財力――がない限りは対等に見ることはない。タイ人にとってみれば、タイ人社会で這いあがるための人間関係ゲームは、国王を頂点にしたヒエラルキーがフィールドで、プレイヤーもタイ人しかいない。外国人はあくまでも駒かラッキーカードでしかないのだ。どんなにがんばっても、そのフィールドに外国人が独立して立たせてもらうことはほぼない。

ただ、外国人はパワーバランスのピラミッドの外側にいるわけだから、飲食店も好きなところに行けるし、人づきあいも自由だ。タイ人にとっても、外国人が故郷でどんな地位にあろうと関係ない。駒として利用できるときに利用するだけである。

## 明仁上皇がタイに贈った魚「ティラピア」

ボクがタイに移住した〇二年九月のころの日本人長期滞在者数は、日本の外務省が毎年発表する海外在留邦人数調査統計において二・五万人ほどだったので、日本人を見かけることすらあまりなかった。ただ、当時は物価的にも、またライフスタイル的にも、ボクのような自分の意志で移住してきた人と企業駐在員の生活圏が重なることがなく、そのためあまり出会わなかったという事情もある。今はバンコクの中心部を歩けば日本人ばかりだし、知りあいにも必ず出くわす。

二〇〇〇年代初頭の日本人の海外旅行先は欧米が主流だった。あのころのバンコクには団体旅行客とバックパッカーという、予算的には両極端な日本人がわずかに観光に来ていた程度だ。格安航空会社はなく、いわゆるレガシーキャリアしかない。それでも、中東やアジアの航空会社を利用すれば日本国内旅行より安かったこともバックパッカーが多かった理由だろう。当時は燃料サーチャージもなかったので、バングラデシュの航空会社だと直行便のビジネスクラスでも三万円台で往復できた。その後タイ旅行がブームになって、訪タイ日本人

ドブ川にいるティラピア。釣った人はこれを持ち帰って食べたり、屋台に売ったりしている。

がどんどん増えていく。最初こそ団体旅行で来ていた人も個人で来るようになる。タイには一度来た人を惹きつける魅力があったからにほかならない。物価が安かったのもあるし、なにやら怪しい面が見え隠れし、それでもある程度は安全に旅行ができることがリピーターを増やしたのだと見る。

　日本料理や日本の文化が好きだというタイ人は少なくない。国交が正式にはじまってすでに一三五年が経つので、タイ政府と日本政府のつながりも深い。そして、両国それぞれの象徴でもある、タイ王室と日本皇室もまたつながっている。

　魚介類にも王室と皇室をつなぐエピソードがある。ティラピアはカワスズメという淡水魚の一種にあたる。生命力が強く、淡水・汽水（淡水と海水が混ざった場所）に生息し、なんでも食べる。繁殖力も高く、タイでは食用魚として一般的だ。タイ語ではこの魚を「プラー・ニン」と呼ぶ。中国人あるいはタイ華人が名づけた「仁魚」の読みをそのままタイ語にしたものだ。ニンはすなわち「仁」という字のことだ。これは、平成時代の天皇陛下、上皇明仁《あきひと》を指す。

ティラピアがタイで一般的になったのは、上皇明仁が皇太子時代、当時のタイ国王プミポン・アドゥンヤデート王（ラマ9世王）にティラピアを贈ったことがきっかけだ。上皇明仁が、タイの食糧事情があまりよくないことを知ってティラピアを五〇匹ほど贈っている。一九六五年三月二五日のことだ。それからタイでティラピアが研究され、一年後には一万匹にまで繁殖させることに成功し、これらをタイ中の河川に放流した。

タイ王室と皇室にはこういった交流があり、今でも日本の皇室がしばしばタイを訪れる。皇室御用達のタイ料理店もバンコクにあるほどだ。

## 日本はタイ人の眼中からなくなりつつある

ティラピアのつながりなどもあってタイ人には親日家が多いと日本人は思っている。しかし、必ずしもそういうわけではない。日本に対していい印象を持っている人の方が多いように見えるとはいえ、それはタイ人のおべっかでもある。「微笑の国タイランド」はタイ人自身も思いこんでいる幻想で、「親日家のタイ人」もまた日本人が持つ幻想に過ぎない。嫌いではないという程度の「無害な外国人」くらいにしか思われていない。かつては日本の家電などへの憧れから、日本人はすごいから仲よくしておきたいという思惑はあったろう。しかし、結局それは下心があっての態度であって、真の友人になるには越えなければならない壁があった。タイ人はタイ人が一番偉いと思っているので、日本人に対して尊敬する気持ちは少なくとも一般の人にはない。あくまでもタイ人には反日感情がないだけだ。

　さらにいえば、現実的には一部地域に反日感情がある。マレーシア国境付近はそれが顕著な気がする。こんな時代でも「日本人お断り」の宿泊施設があるにはあるのだ。むろん、これは太平洋戦争が理由だ。一九三七年に日中戦争が勃発した直後から中華系住民が多かったマレーシアでは抗日運動がはじまっていた。マレーシア北部にあるペナン島は戦時中日本の軍事的支配下に置かれていて、四二年四月と九月には日本軍によって抗日運動家の疑いがある人々の粛清が行われたとされる。そのため、この地域には反日感情が今も少し残っている。ペナンから遠いというほど遠くないタイ国境近辺は、タイ国内側にも日本への反感が伝わっているようだ。あくまでもタイの反日感情はほんの一部だけれども。

タイの人口は日本の半分程度だ。それでも日本よりもずっと多民族かつ多宗教で、結果として一枚岩ではない。タイ人は親日家、タイ人は微笑、と思うのは決めつけで、ときにタイ人を理解するうえで誤解してしまう危険性があることも知っておいた方がいい。

日本でもそうだし、東南アジア全域がそうだが、今やエンターテインメントはもちろん、スイーツや女性向けスパなどでは韓国の技術が導入されている。二〇〇〇年代初頭はなんでも「日本発」がもてはやされた。だからこそタイ人は親日家に見えたわけだが、もう時代は変わっている。あのころはテレビ番組で流れるアジア音楽といえば日本の歌謡曲が主流だった。しかし、いつの間にか韓国エンタメに負け、タイのテレビで日本の芸能人を見ることが少なくなった。

韓国のソフトパワーが強すぎて、タイ政府もそれをまねるかのようにタイのソフトパワーを活用しようと動き出しているくらい、今は韓国がタイで注目されるが、ボクが初めてタイに来た九八年ごろにはすでに家電業界においてサムスンが注目されるようになっていた。車も同じで、ヒュンダイ(あるいはヒョンデ)はベトナムやラオスほどではないが、バンコクでも見かける。製品の金額だけに注目する傾向がある東南アジア人にとって、韓国メーカーは元来受け入れられやすかった。それに、近年の韓国製品は低価格や高いデザイン性だけでなく性能そのものや耐久性も高く、安かろう悪かろうの時代はおわっている。日本ブランドの品質が高いというイメージは今もタイ人の中にあるとはいえ、韓国家電が総合的に日本製品を上まわるといってもいい。日本が太刀打ちできる相手ではなくなりつつあるのだ。

日本人には「日本＝すごい国」という自画自賛がいまだに残っている。しかし、そう思っているのは日本人だけで、もうタイ人も日本をすごい国だと思っていやしない。以前のタイ人は「本当は日本のブランドの家電がほしいけど、今は金がないから韓国とか中国の安いやつにする」なんていっていたのに、今はなにがなんでも日本のブランドがいいという人にはまず出会わない。今、日本のもので大きな注目を浴びるのは和食、伝統文化やサブカルチャー、日本国内の自然だ。日本は韓国同様に強いソフトパワーを持つが、その発信力が弱い。今のタイではせいぜい和食がブームになっているくらい。あとは日本旅行だけだ。二〇年前は日本に働きに行きたいタイ人がわんさかいたが、今や日本は観光とショッピングへ行くところになっている。今タイ人が外国に出稼ぎに行くなら、これも韓国に目を向けている状態だ。韓国政府はタイ人の単純作業労働者に対してビザを発給しやすくしている。タイ人にとってすでに日本はアウトオブ眼中で、昔に感じられた、それこそ親日的な態度はなくなってきている。

これは、タイ人が変わったというより、日本の勢いがなくなってきているからだ。そして、いまだ日本人は「タイ人は親日家」と強く思いこんでいることで、そこにあぐらをかいてなにもしない。日系企業は会議、会議で意思決定が遅いといわれるが、日本人の気質そのものとして、危機を感じるのも遅い。

こう書いてもまだタイ人を親日家と思う人もいるだろう。タイに来ればそういうふうに接してくれるタイ人が少なくないからだ。しかし、そういうタイ人は観光業やなにかしらの商売で日本人と接しているので、金を落としてくれる客と認識して、やさしくしてくれるに過ぎない。そして、その落とす金も今はだいぶ少なくなってきているので、徐々に相手にされなくなってきているというわけだ。

とはいえ、タイ人はそもそも他者を気にしないところがある。だから、そんな落ち目の日本人でもいつもどおり迎えてくれる。ギスギスした日本から比べたら人が温かく、だから日本人はタイがさらに好きになるのだ。

# 第11章　タイ人と働くということはタイ人に自分の心を開くこと

## 日本とは違うタイの働く仕組み

タイの公務員は国王に仕える身分なので、自然と一般市民よりちょっと偉い。タイの公務員はこの立場を最大限に利用する。利用とは主に小遣い稼ぎだ。給料が安い分、立場を利用して甘い汁を吸うのである。

日本では公務員は安定の職種である代わりに、一般職の給与は一般企業よりも多少低い。タイの公務員も当然ながら給与は低いが、物価に見あっていないほど低い設定だ。執筆時点で定められている一般職の給与は四八七〇バーツ（約一・九万円）～七万六八〇〇バーツ（約三一万円）だ。これに役職手当などが加わる。手当はおおむね〇～二万一〇〇〇バーツ

（約八・四万円）で、最大でも九万七八〇〇バーツくらいだ。最大値は、警察でいえば長官クラスのようなトップの人の額なので、採用内容や配置先で手取りはだいぶ異なる。

仮に一番下の給料で働きはじめたとしたら、年収はボーナスや手当を加味しないと五・八万バーツくらいだ。タイの平均世帯収入が月二・七万バーツであることを考えると、一年間で平均世帯収入のわずか二か月分程度しか稼げない。ただ、公務員は福利厚生が手厚い。年金や退職金は確実にもらえるし、教育費や医療、住宅などいろいろな補助がある。

とはいえ、生活が厳しいのは事実だ。そのためタイの公務員の中には副業をはじめる人も少なくない。警察官は拳銃を自由に所持できるという立場を利用してパートタイムの警備員を務めるなど、各々の職種に合ったスキルやその役職で使える権利を私的に利用する。なにかの窓口担当の場合なら申請の融通を利かせるなどして、相手からなにかしらの便宜を受けることもある。

ただ、現金を含め、なにかを受け取ることはタイといえども本来は違法だ。役所によっては賄賂の授受を明確に禁じ、だいぶクリーンになってきてはいる。しかし、今度はその分、申請がとおりにくくなるという皮肉な事態も起こっている。というのも、賄賂は上から禁じられているものの、言葉尻をとらえるというか、トンチを利かせているというか、「申請に来た人に賄賂要求は禁じられている」のだから、窓口で要求しなければいいんだ、と考える公務員がいる。のらりくらりと申請を引き延ばし、申請者が代行業者に相談するように仕向けるのだ。代行業者は申請者ではないので、ここから徴収し、業者はその分を代行料金に乗せてくる。

昔のタイにおいて、組織で働くということは公務員になることを意味し、ほかの多くは自営業だった。その後会社というものが増えてきて、公務員に興味がない人が会社組織で働くライフスタイルが定着した。ただ、八〇年代でさえ大学生が卒業後に会社へ就職するというのはバンコクだけでの話だ。そして、当時も今もタイで高給職種といえばエンジニアが筆頭で、近年であればＩＴ関連の会社員がそれなりの給料をもらえると信じられている。

バンコクでも親世代が会社員だという人は最近の若い世代に見られるようになったくらいで、四〇代以上の会社員だと家族・親族に会社員として長く生計を立ててきた人がほとんどいない。そのため、今もタイ人には会社で働くというロールモデルが身近に存在しないともいえる。これによって、会社で働くという意味や責任、常識が日本人とは大きく異なってくる。

タイはそもそも、就職活動の仕組みが日本と違う。まず、大学生のときに働くという概念がない。学校の課題などが忙しいこともあろうが、アルバイトあるいはパートタイムという働き方がないためだ。実態としてまったく存在しないというよりは、そういった「概念」がない。大学に通う学生の保護者は収入レベルがそれなりに豊かで、タイ人は学生時代にアルバイトをしない。中流層の学生などは夏休みなどの長期休業時期に大手のスーパーや飲食チェーンで、超短期で働くことはある。それでも、それもひと握りといったところだ。

　リクルートスーツのような同じ服をみんなで着て企業を巡るような就職活動もしない。タイの就職はどの社会階層であれ、基本的には口コミや知りあいの伝手に頼る。九〇年代ごろ、タクシー運転手といえば東北部のロイエット県出身者が多かった。これはロイエットの村から出稼ぎでタクシー運転手になった人が大儲けし、それを田舎で吹聴《ふいちょう》したからだとされる。極端な例では、ある県のある農村の人は農閑期になるとバンコクで物乞《ご》いをする。これもやはり知りあいがはじめたからだという。昔はこのように口コミと知りあいの紹介で仕事先をみつけて働いた。雇う側も知っている人の紹介であれば同じように信用できるというメリットがある。

　今は口コミの発展版といおうか、特にバンコクではネット検索で就職先に応募することが一般的になっている。ネットでみつけて面接のアポを取るのだ。タイの多くの企業ホームペ

貧困層は就職先の選択肢が少なく、大きく稼げるのはムエタイの選手など。

ージには必ずといっていいほど人材募集のページがあって、ポジションや条件諸々が記載されている。こういったページやネット掲示板、就活サイトを閲覧して応募するのである。

日本のような就活や、同時期に一斉に雇用するスタイルがないのは、大学を卒業するタイミングがそもそも共通していないという点も大きい。タイの大学はアメリカなどのように九月が年度のはじまりになっていたり、卒業時期が三月前後と毎年定まっていなかったりするうえ、決めるのは学校次第だ。国立大学の卒業式は王室のスケジュールにもよるので、遅ければ八月を過ぎることもある。

このように、タイと日本では就職の流れそのものが大きく異なる。いろいろな意味でのスタート地点が違うのだから、会社員という働き方に対する意識が異なるのも当然である。

## タイ人を組織に長くとどめるには

タイ人の家族関係や郷土愛から考察すると、日系企業の日本人がよく嘆《なげ》く「タイ人は長続きしない」という事情が読めてくる。

タイ人は外資企業では確かに長く続かない人が多い。これは、仕事が単に嫌になるというより、合理的な考えに基づく行動だ。タイの地方出身者の多くは、いつかは田舎に帰りたいと心の奥で思っている。逆にいえば、なにかあっても帰る場所が彼らにはある。日本人駐在員も出向先のタイ子会社になにかあったり、タイ国内で紛争や戦争が起きようものなら日本に帰ることができるように、地方出身者もバンコクやその企業にいること自体が一時的なものなのだ。

また、タイ人は給料には敏感だ。日本では、とかく仕事を生きがいとか、いろいろなきれいごとに結びつけて誤魔化したり、謙虚さにつけ込んで給与が安かったりするが、自己肯定感が高いタイ人はストレートに評価＝給与額と思っている。だから少しでも給料が高い職場

タイは各県に最低ひとつは週末市があって、誰でも安価な経費で店を出せる。これもひとつのビジネスチャンスだ。

がみつかれば、すぐに転職してしまう。優秀な社員を引きとめるならそれなりに人件費をかけないといけない。

もし離職率が高いなら、タイ人社員に腰かけ程度にしか思われていないか、給料が低いか、あるいは管理側が無能だったか。その社員が近々に田舎に帰る気の場合は、もう無理だ。どんなにいい給料を提示しても去るだろう。田舎に帰るのは以前は地方出身者の特徴だったが、今はバンコク出身者も同じだ。というのも、数十年前の出稼ぎ地方出身者がバンコクに定住し、その子どもたちが就職する時代に入っているからだ。そういう人はバンコク出身とてマインドは地方出身者の場合もある。タイ人は新しモノ好きな一面がある一方で保守的な部分もあって、バンコク出身であっても、地方出身者がよくも悪くも持っている人のよさや保守的な気質が親から引き継がれていることが多い。だから、見た目がバンコク人でも中身はイサーン人ということはよくあるのだ。

こうしたケースはあきらめるとして、問題は給料が低いか管理側が無能である場合だ。会社側が引きとめられるだけの給与を出せないのならどうしようもない。環境が嫌だったら、環境を変えるため努力するよりも自分がそこを立ち去った方がいいと考えるのは、これまで取りあげてきたタイ社会の風潮を象徴しているともいえる。タイは逆らうことのできない強大な権力者になにもかもが牛《ぎゅう》耳《じ》られているので、一般人にできることといえば新しい居場所を探すことくらいだ。ダメもとで昇給の交渉をするものの、あがらないならさっと転職する。当然、引きとめる価値がないならさようならだが、引きとめたいなら給料をあげられない代わりにその人がよろこぶなにかを与えないと、去ってしまうだろう。

ほとんどの駐在員はうまくタイ人と働けるが、中には昔の日本人気質を出す駐在員も、残念ながらいまだにいる。日本のように「背中を見て学べ」はタイでは通用しない。それから一度、駐在員から耳にした驚くべき発言がある。

「タイ人って友だち同士でも本名を知らないんだってね」

そんなわけはない。タイ人は本名とは別のチュー・レン（あだ名）が、生まれたときにつけられ、日常ではそちらのあだ名を使う。しかし、学校や一般企業では名札や名刺は必ず本名だ。上司や客先などと話をするとき、つまりオフィシャルな場面では普通に常識がある人ならフルネームをいう。そのときにためらいもなくあだ名をいうタイ人は常識を持ちあわせていない。たとえば性風俗産業では源氏名があり、身元が知られないよう同僚にも実生活のニックネームをいわないこともある。ただ、これはタイ社会においても特殊な例だ。

だから、あだ名しか知らないなんてありえない。それを堂々と勘違いしてしまうのは、その駐在員がタイの文化をちゃんと知ろうともしていない証拠だ。そんな上司についていこうと思うタイ人がいるわけがない。

## タイ人が「すぐに辞めてしまう」は大きな誤解

タイ人が会社をすぐに辞めてしまうという問題は、実は日本的な見方であって、逆に長く続けることのメリットを説明できる日本人がいるのだろうかとボクは思っている。プライベートや家族を犠牲にしてまで長く続けても意味がない。

そもそも、会社をすぐに辞めてしまうタイ人というのは、実は一部に過ぎない。すぐに辞めてしまうタイ人の大半は、会社で働く大変さを知らなくて逃げたり、目先の給料につられて転職していくという、だいたいが短絡的で頭の悪い人だ。住まいからの交通費や通勤時間を考慮すると転職しない方が実入りが多かったという話もざらにあって、ちゃんと考えられる人はそういった部分も加味して給料を考えるので、安易に何度も転職しない。

それだけでなく、タイ人にも勤続数十年という会社員は少なくない。タイ企業にはこういう人がゴロゴロいるので、みんながみんな、簡単に辞めていくわけでもないのだ。タイ企業はある程度上の方の役職に就けないと、給料なんてたかが知れている。それでも長く続ける人もいるのだから、目の前のタイ人だけを見て「タイ人はすぐに辞める」と決めつけるのは、やや早計である。

ブラック企業でも日本人が辞めないのは、長く勤めることを美徳としている人も多いからで、同じ常識がタイで通じるわけがない。むしろ日本だってひとつの会社に数十年も勤める時代はとっくにおわっている。もし雇うタイ人がみんな辞めていくようなら、タイ人社員個人の問題ではなく、給与や職場の環境に問題があるので、タイ人を責めず、会社の状況を見直した方がいい。

日本人目線ではタイ人がすぐに辞めていくのは事実で、これは単純にその会社に愛着がないからというのが大きい。就職活動のやり方も違えば、大手企業に入ることが偉いみたいな風潮もない。バイトに応募するような感覚で働き先を探すので、就職する企業に強い思い入れや愛社精神は生まれない。大切なのは業務内容より、自分のスキルを相場以上で買ってくれることだ。夢だとかそんなことを語らず、ドライな感覚で就職先を探しているわけだ。日本だと法的には一か月前くらい、実質的には数か月から半年前に退職の意向を伝えるのが会社員の常識だろう。しかしタイでは数日前あるいは当日に辞める宣言をし、平気で去っていく。これをされると確かに怒りたくなるのはわかる。しかし、そもそも会社員という働き方の歴史が浅く、雇用形態のバリエーションも少ないタイでは勤め方・辞め方に対する常識がいまだ存在しないのだ。

愛社精神がないうえに、タイ人はかなり割り切って働いているので、自分を雇ってくれた企業に感謝をする、恩を返すといった気持ちはない。むしろ、自分のスキルを高く買ってくれなかった企業に対して怒っているくらいで、辞める際にも引継ぎや業務の整理などをする義理はないと思っている人もいる。日本では終身雇用があたりまえだった名残か、日本人は会社で働くときにいろいろと覚悟を決めるが、タイ人はそもそも会社に長居するつもりが最初からない。長く続いた場合も、わりと「たまたまだった」ということもある。どこに就職しようがいつかは辞めるので、それが来週なのか一〇年後なのかという程度にしか、彼らの中では違いがないのだ。

他方、長続きするケースもまた日本では考えられない理由があったりする。よくあるのは、社員旅行だ。実は、タイ人は学校の修学旅行並みにみんなが社員旅行を楽しみにしている。ボーナスと同じくらいに、タイ人会社員はこのような業務外イベントを重要視しているのだ。これにはタイ人が職場の人とかなり仲よくなることが背景にある。会社に対しては愛着なんかないのに、職場の同僚などは旧知の友人のように、プライベートでも交流を持つ。そりゃあ友人との旅行、しかも全部会社持ちとなればうれしいものだ。

こういう人間関係も日本人会社員には理解がなかなかおよばない。日本でも同僚とプライベートのつきあいをする人はいるけれど、ほとんどの人は仕事と私的な交友関係はしっかり分ける。タイ人は上司ともわりと仲よくする。上司がホームパーティーを開けばよろこんで参加するくらいだ。タイは目上の人に逆らわず、従順になることがマナーというか常識なので、断れないという側面はある。しかし、そういう集まりに参加する若手はみんな嫌々来ているようには見えない。要するに、タイ人は日本の会社員とは大切にするものが大きく異なるのだ。これは諸刃の剣で、社内の人間関係がこじれ、会社にいられなくなって辞めていくケースもある。

結局、タイ人が職場に求める最良の環境は「サバーイ・サバーイ」なのだ。気楽とか楽しいとか、そういった自分にとって快適な環境がベストなのである。タイ企業は同じタイ人同士ということもあり、その環境を共有しやすい。関係が良好なら、何十年でもその仲のよさは続く。なんなら退職・転職後だって連絡を取りあうこともある。他方、日系や外資は駐在員、つまり自分の上司が数年でいなくなる。深く仲よくなる前に帰任になって、結果わかりあえないし、保守的なタイ人は数年で変化する職場をストレスに感じるのかもしれない。だから日本人上司あるいは同僚との間で良好な人間関係を築けず、互いが理解しあわないのでよりタイ人がドライになって、サクッと辞めていくのではないだろうか。

## タイ人の出世欲が薄い理由

タイ人は家庭を大切にする。しかし、平気で家族や子どもを捨てる人もいるうえ、離婚の際などに慰謝料や養育費の話にならないケースが多い。富裕層は別かもしれないが、中流から下の人はそもそも籍を入れていないことも多く、別れても財産分与などの話にはあまりならない気がする。まあ、分ける財産がないのだから仕方がないが。子どもはだいたい母方の家族が世話をすることになる。ある程度年月を重ねた末の離婚ならまだしも、結構多いのが、妻が妊娠中に破局するケースだ。父親が子の顔を見ることなく、新しい相手をみつけてしまい、妊娠している妻と平気で別れる。

　こんな感じなので、タイ人男性の責任感はかなり低いと思う。だからなのか、外資系企業がタイ人を雇う場合は女性が多めになっている。高い役職に就いているのも女性で、ビジネスの場においてタイは女性の社会進出率が世界的に見ても高い。

　いずれにしても、男女問わず、責任感が低いというか、そもそも「責任」が持つニュアンスが日本人や外国人とは違うため、基本的にタイ人が仕事に人生を懸けることはまずない。法的な拘束力のある軍隊以外、一般的な会社員がそこまで懸命に仕事に打ちこむこともない。安全性の不備や配慮不足が幾多もあるタイなので、そのためにくだらない失敗で命を落とすことがある。しかし、私生活や命を懸けてまでも働く気概は基本的にはない。嫌なことからは離れ、サバーイに生きる。これがタイでは大切なことで、そこを理解してあげることでタイ人ともうまくいくのではないだろうか。そうなればその「会社」ではなく、その「人」の

バンコクのパスポートセンター。こういったオフィスでもタイ人はマイペースに仕事をしている。

下で働きたいと思ってくれ、よりよい関係ができあがるはずだ。

会社で働くことを重視しないタイ人は、人それぞれではあるが割合として、日本人ほど上昇志向の強い人は少ない感じがする。そもそも先述のとおり会社員という生き方が定着したのが最近のことで、それまで会社というと外国の大企業かタイの財閥グループ会社、それから中小企業くらいだった。どの形態を見ても、一般社員が役員クラスに出世すること自体がほぼ無理だ。外資は本社から本国の人が来るし、財閥や中小企業はオーナーの家族・親族しか上にいけない。平均賃金はバンコクこそ四万バーツ台はあるものの、それくらい稼げるようになる人はひと握りしかいない。

　それならば、ある程度の稼ぎだけ確保し、あとはサバーイ・サバーイに生活した方がいい。日本人と大きく違うのは、仕事のための仕事ではなく、生活のための仕事であって、無理にがんばるくらいなら多少給料が安くても私生活が充実する方を選ぶ人が多い点だ。タイ人にとって一番大切なのは自分と家族であるため、人生において仕事のウェイトがあまり大きくない。責任感もあくまでも給料に見あった分だけで、日本人のように低賃金で高収入者並みのパフォーマンスを出すことはない。

　だからなのか、雇用形態もまた日本と違う。タイでは非正規雇用がほぼ存在せず、基本的にはすべての人がその会社に直接雇われる。タイにも人材派遣会社はあるが、これは正規雇用となる人材を紹介する企業であって、派遣社員を送りこむわけではない。そのため、タイ人が会社で働くということは、全員が日本でいう正社員となるが、派遣という対になる言葉がないので、正社員という呼び方も考え方もない。バイトやパートでの仕事もあまりない。そのため、タイでは働き方に固定観念が今もないといっていい。先述のように労働への意識も違うので、タイでは正社員でも日本のアルバイト並みの責任感しかない人が多い。責任感がないので、辞めたくなったらすぐに辞める。それがいいか悪いかはまた別の話である。ある意味では合理的で、タイのよさでもあるのだから。

　これらを総合すると、タイ人には出世欲があまりない人の方が多いというわけだ。そもそも、稼ぎたい、偉くなりたいと考える人は会社員にはならず、自分で事業をはじめる。会社員で成りあがりたい人は、基本的には外資系企業（この場合は主に欧米系企業）に行く。初任給がよく、また外資は英語などの外国語が要求されるのでスキルを活かした仕事ができて、それが給料にも反映されるからだ。出世欲がある人でもさすがに他人を蹴落としてまでがんばる人は少ない。タイにおいてそこまで強い野望を持つ人は、軍人や政治家を目指すのではないだろうか。

　いずれにしても、タイでもこういった会社勤めによるストレスで社会に嫌気がさし、ドロップアウトする人もいる。こういう人は自営業をはじめるか、タクシー運転手などになって、誰にも命令されないことによろこびを感じる。タイでは屋台など低資金での自営業をはじめやすいので、ドロップアウトしても稼ぐ手段がある。人にガミガミいわれるくらいなら生活できる分だけ稼いで気楽に生きる道を選ぶのは、やはりタイ人がいかに自由を好む国民性であるかをよく示している。

　そして、そういった生き方ができるのは、タイ人とタイ社会が他者に対してもそれを認めているからだ。日本のように会社を辞めるだけでも労力がかかる社会とは違う。この点は大きい。こういう社会通念なので居心地がよくなり、日本人の特に若い駐在員は帰任命令が出たら会社を辞めてしまい、タイに残るというケースもよくある。

## 人前で怒る日本社会の方が異常と知るべき

タイで長く暮らすボクからすれば、日本人は仕事に対してストイックすぎるところがある。日本企業はプライベートと仕事を切り分けるわりには、プライベートを犠牲にさせる。利益を得るため、自身の業績をあげるため、あるいは上からの命令であれば、人に対しても相手企業に対しても平気で非道になれる。ボクもライターになる前の会社員時代に嫌な目にたくさん遭ったが、会社員というのはみんな麻痺しているのか、ボクの愚痴の方が悪いみたいな雰囲気になる。こういったひどい環境に慣れていることもあって、自身が受けた冷酷な対応を平気でほかの人にもする。むしろ、そういうものをたくさん受けてきたことが勲章かのように勘違いしている人も少なくない。みんなそうだったからと思考が停止して、それが普通だと認識しはじめる。そうして、タイという外国に来てもなお、日本と同じやり方を押し通す。同じアジア人、同じ仏教圏とはいえタイ人と日本人では意識がまったく違うのだから、タイ人に日本の物差しで説教したところでなにも改善はされない。

タイ人従業員が挨拶をしないと怒る人もいる。「おはよう」など、簡単なところができないという。タイにはそもそも、「おはよう」や「こんにちは」のような挨拶がない。一応、それらをひとまとめにしたような「サワッディー」という単語があるが、これは人工的に作られた言葉で、それまでは「ご飯食べた？」など、簡単な会話の延長のような声かけが挨拶だった。

しかし、タイ人が挨拶をしないというのは大きな誤解だ。タイ人の集まりや、企業の中でもタイ人の偉い人がいるときなど、部下はきちんと挨拶をする。ワイ（合掌）と共にしっかりと、ひとりひとりに挨拶をするのがタイの礼儀だ。複数の上司や先輩に同時に会えば、まとめて挨拶するのではなく、ひとりひとりの名前を呼んで目を合わせて挨拶をするので、むしろ日本以上に礼儀正しい。タイは権力者を上にした階級社会だ。上の人に礼儀を欠くことは場合によっては死を意味するので、タイではやってはいけないことなのである。タイ人が挨拶をしてこないとしたら、それは単純に尊敬されていない、相手にされていないからに過ぎない。上司らしく毅然としつつ、フレンドリーに接するバランスを持つことで、タイ人から挨拶されるような存在になる。こういった部分も日本の働き方とはちょっと違う。

「日本風」を持ちこんでくる日本人の中には、人前で怒鳴る人もいる。タイ人にもそういう人はいるにはいるが、当然尊敬はされない。ただし、「タイ人はプライドが高いので人前で怒鳴ってはいけない」などというマニュアルが一部の日系企業には何十年も前からあって、これを鵜呑みにしている日本人もまたタイ人からは低く見られがちだ。何度もいうように、タイは日本以上にパワーバランスがシビアで、人間関係が複雑だ。そんな中で生きてきているのだから、タイ人は相手の様子を見抜く力が高い。

人前で恥をかかしてはいけないのは、そのとおりだ。問題は「タイ人はプライドが高いので……」と、タイ人をひと括りにする点だ。すでに今の日本の若い人にだって、そんな指導は通用しない。人前で怒鳴られて恥をかかされるのは、別にタイ人だけじゃなく、人間なら誰しも嫌なものだ。そういったこともわからない人が外国で、日本企業の名前を背負って働いているのは異常事態である。タイ人はそれを見抜き、どうでもいい相手には挨拶もしないわけだ。だから、もしタイ人部下が挨拶をしないとか、無礼であれば、そのことは他人にいわない方がいい。それは自分が無能であることを公言するようなものだから。

# 第12章　タイは間違いなくこれからも発展していく国

## かつてはなにもない、安さが売りの国だったが

タイは今や、昔のように安さが売りの国ではなくなっている。物価高騰が著しく、屋台でも二〇年前の倍近くに値段があがっている。ただ、それに合わせてタイ人の所得もあがってはいる。前はほしいものを買えない人が多かったが、今はスマホも車も新しいものを手にする人も少なくない。会社員という働き方が定着して、ローンを組むことができるようになったことが大きい。

タイは富が権力者だけに集中していて、マネーゲームに勝つプレイヤーはいつも決まっている。タイは経済的にも工業的にも、そして観光収益的にも東南アジアで上位に入る国だ。

かといって、タイ発の工業製品や技術はあまりないので、基本的には外国企業を誘致して、外国の技術を導入する。その利益もちゃんと自分たちの懐に入るように仕組みをつくり、彼らは儲けをさらに増やす。そのため、富裕層が保有する資産水準は世界的に見ても高額だ。欧州のサッカーチームを保有するタイ人もいるくらいで、わざわざ外国に媚《こび》を売る必要もないほどの富を得ている。来てもらっているとか、教えてもらっているといった謙虚な気持ちはなく、あくまでも外国企業の工場を置いてあげている立場なのである。

　富裕層は日本円で一〇〇万円程度のものはガムを手にするくらいの即決で買って、使いもしないでほったらかすくらいにありあまる資産がある。他方、貧困層は日本人が想像する以上に厳しい生活を強いられている。タイ最大のクロントーイ港には六〇年代前後から地方出身者が仕事を求めてやってきて、港湾局の敷地内を不法占拠して生活をはじめた。いわゆるスラムで、今も数千人の低所得者層がここで暮らす。支援団体もタイ国内外から多数来ていて、だいぶ生活水準は向上したが、いまだ貧困問題は残る。たとえば、タイは一四年五月に起こった無血クーデターで軍事政権になったため、欧州など一部の国は経済的制裁としてタイとの貿易を制限していたらしい。タイでは一切報道されないが、港湾作業の日雇い労働が一気に減り、クロントーイ・スラムの一部の人の生活を脅かしている。それこそ、その日の食費としての一〇〇バーツ（約四〇〇〇円）に喘《あえ》ぐくらいだ。

タイのメディアは富裕層が持つものなので、こういったニュースはまず流さない。一般タイ人もほとんど知らない、隠された社会問題だ。同時に、その対極にあるタイ人富裕層の生活もまるでブラックボックスの中にあるようで、一般の人は知る由《よし》もない。たった一〇パーセントもいない富裕層なので、それこそ横のつながりは強固で、知られてはいけない部分は外部に漏れることがない。

二〇一〇年以前のタイは本当になにもなかった。ボクのような移住者が日本ではあたりまえのものがほしくなっても、タイにはない。通販もネットもないのだから、日本に行って買うしかなかった。ただ、当時はそういうものだと思って生活していたので、なければないでなんとか暮らしてはいた。

幸い、今のタイにはネットやスマホがある。かつて飲食店は商業施設や表通りに店を構えないと客が来なかったが、今はネットで集客でき、場所はよほど辺鄙《へんぴ》でなければ問題にならない。デリバリーやネットショップを通じて遠方の客にも売れる。さらに、日本よりも電子マネー系は普及しているので、代金を取りはぐれることもない。

ちょっとした店やビジネスアイデアで大きく飛躍する人も増えた。趣味の延長や、世界的

都心から 15 キロも離れれば、高いビルもなくなる。遠くにバンコクのビル群が見える。

な潮流に乗ってビジネスに参入する人もいる。小さな規模でもアイデア次第なので、富裕層以外の一般タイ人でもチャンスが巡ってくる。ベンチャー企業、スタートアップ企業などもどんどん出てきているが、一般層のタイ人が成功するのは飲食店が多い気がする。わかりやすいビジネスであるうえ、富裕層にとっては自分のビジネスが脅かされる可能性が低いので、潰しにかかってくるという敵対行為も少ないからだと思う。

成功すれば所得的に上の階層に入ることにもなる。しかし、それはタイにおいてはあくまでも数字上の話であって、富裕層として認められるわけではない。タイの緑茶飲料商品の先駆け企業であるオイシは、社長が船長の帽子をかぶったキャラクターを演じ有名になった。その後、この企業はタイ最大のアルコール製造会社のタイ・ビバレッジに買収されている。社長はその後類似した緑茶メーカーを立ちあげているので、やりたいことに集中する資金のために売却したのかもしれないし、単にいいタイミングで高く売り抜けたのかもしれない。ただ、企業としては安泰だったのだから、そのまま続けることだってできたのに、とボクは思ってしまう。この名物社長もまたタイ富裕層に受け入れられなかったのだろうかと勘繰ってしまう。

## 覆すことがほぼ不可能な現在の経済的階級

タイにおけるビジネスで世界的に認められるくらいに成功するには富裕層の仲間に入り、未来永劫、恒久的に稼ぎ続けられるポジションを築かなければならない。ところが、タイ富裕層に入るには、まずタイの富裕層の子どもとして生まれることが必須条件になる。まだ今のタイ財閥が財閥というほどに成功していない時代なら、自力で成りあがることはできたかもしれない。しかし、現代ではまず難しい。ビジネス手腕や運によってはそういった壁をも越える成功を収めるということも考えられる。しかし、タイでは富裕層がおそれたものは、出る杭を打つどころか、引っこ抜いたあとに粉砕して焼却される。タクシン・チナワット元首相が〇六年に追いだされた顛末を見ればわかることだ。

ほかにタイ富裕層に入る方法があるとすれば、婚姻関係で親族になることはできる。しかし、タイは見えない壁で囲まれて守られた社会で、経済的格差を超えた婚姻はありえない。いわゆるシンデレラストーリーや玉の輿は夢にも出てこない。少なくともこれはタイ人の話であって、我々外国人はまったく不可能というわけではないが。まとめると、富裕層に入るには最初から富裕層に生まれなくてはならず、仮に人生に勝敗があるとすれば、生まれた瞬間にすでに勝ち負けは決まっているといっても過言ではない。

ボク個人の見解では、タイの格差社会は覆らない。タイの富裕層は頭がよく、策略に長けている。大抵の事態は想定の範囲内だろう。なにより、タイのあらゆるものが彼らの手中にある。万が一自分たちが攻撃された場合、富裕層は自分らが持つビジネスをすべて停止すればいい。そのとき困窮するのはタイ国民だ。食糧関係から銀行までも押さえているので、いわば兵糧《ひょうろう》攻めができる。対外的な評価がどうなろうと、タイで強力な権力を持つ富裕層は痛くもない。そんなことを本当にするかと思うかもしれないが、スワンナプーム国際空港の占拠やバンコク・シャットダウンといった経済的圧力を見れば、彼らの常套手段だとわかる。
そもそもタイは王国である。これはもう変えようのない事実で、支配層と被支配層で構成された社会という関係性が崩れることはない。これがタイなのだと、とにかく受け入れるしかないのが現実だ。富裕層は既得権益で守られ、大衆がどんなに抗《あらが》ってもそれを取りあげて再分配することができない。

何億歩も譲って、もし取りあげた富の再分配が叶ったとしよう。だが結局、そのときにはまた新しい支配層が生まれるだけの話だ。プレイヤーが変わるに過ぎない。たとえば、江戸幕府が実施した五人組という連帯責任・相互扶助の制度は、今はそのルールがないにもかかわらず、他人に過剰に干渉する日本人気質へとしっかり刻みこまれているとボクは思う。タイの支配層・被支配層の関係もこれと同じで、結局なにも変わらないだろう。

世界情勢がどうであれ、タイはタイの習慣と時間で歴史が進む。被支配層に生まれた人は、いつまでも被支配層にいるしかない。ネットを活用してビジネス的に成功を収めるタイ人中流層も増えてはいる。しかし、その稼ぎもハイパー富裕層の収入や資産からすれば微々たるものだ。いずれにしても、富裕層以外の者として生まれたタイ人を富裕層は外の者としか見ていないので、どんなにビジネスがうまくいこうとも、富裕層に入ることはまずできない。

貧しく生まれた若者が這いあがるチャンスはそうなく、自暴自棄になっている人もいるし、少なくとも未来に希望を持てない人が日本よりもずっと多い。

## 国籍の抹消手続きが存在しないタイ

他方でタイ人は自己肯定感が高い。そのため、人生において幸せを感じている人が日本人より多いのも事実だ。これも昔の富裕層が築いたタイ式教育の成果といえばそれまでで、タイという世界に囲いこむ。なにも知らない、なにも見えないことで幸福感はあがる。

その幸福感を得るもののひとつが宗教だ。タイ仏教は上座部仏教と呼ばれ、日本の大乗仏教とは違う。ミャンマーの上座部仏教とも違い、タイは伝来以前にあったタイ独特の精霊信仰と深く習合し、仏教もタイ独自のものになっている。こうなったのも、やはりタイ人に浸透させるためだったのだろう。タイ人のほとんどは来世も人間で生まれるためにと徳を積む。こういった教えが被支配層に与えるカタルシスとして必要だった。不平等な今を受け入れ、次の生に期待してもらうというわけだ。そういう点で宗教はタイ人を救ったのではないか。なんだかんだいって、タイはその支配層・被支配層の関係が居心地のよさにもなっている。

王国の最も上に立つ国王がいて、王室があって、タイ人はその国に生まれ育ち、自身もその王国の一員で国王に守られた民であるという自覚がある。もちろん、これもまたタイ式の教育のひとつともいえる。しかし、北朝鮮のように自分の子どもの命よりも肖像画を大切なものとして扱うような強制的な支配ではない。タイ国籍者として生まれたのだから、国王を崇めるのは当然であり、タイ人にとってはそれが誇りでもある。

日本は戦争の経験を卑屈に捉え、愛国心や国に誇りを持つことに抵抗感がある人が多い。最近だと日本の政治家が外国難民の受け入れや外国人滞在者への生活保護支給を訴えているが、タイではそんな意見は誰からも起こらない。タイ人はタイを愛し、タイ人であることに誇りを持ち、タイという国を守ることを考えている。自国の利益にならない外国人を守る意味のわからないことは絶対にしない。そういった点では日本人が日本を理解している以上に、タイ人はタイ王国をしっかり考えている。

二〇年も続く政治的な騒動や格差社会など、タイはいろいろと問題が起こるが、ほかの国の人のように海外に逃げだすというタイ人はほとんどいない。タイ人であることに誇りを持っており、外国に行ってタイ人以外になることなど考えもつかない。

ある日本人から聞いた話だ。彼は妻がタイ人で、子どもは日タイの二重国籍になっている。

タイも日本も成人するあたりでどちらかの国籍を選択することになる。日本は基本的に二重国籍を認めない方針なので、その年齢になると選択を迫られる。ただ、「日本人やめます」と宣言しない限り、日本国籍は継続される。原則どおりなら日本人でいることを選んだらタイ国籍を抹消しなければならないが、タイの役所に行ってもその手続きができないという。法的には抹消手順はある。しかし、タイ人として生まれた生粋《きっすい》のタイ人がタイ国籍を捨てることなんてありえないと考えるようで、役所の職員のほとんどがその手続きの仕方を知らないという。それくらい、タイ人はタイという国が好きなのだ。そう考えると、政治的な対立も、自分の利益を優先しているとはいえ国を滅ぼすつもりはなく、タイ自体を発展させたいという気持ちは双方、同じなのである。

そんなタイの公務員は法律の解釈などを自分流でしている。この人では手続きがダメだったけれども、別の窓口では通ったということがしばしばある。最近はだいぶ減ったが、警察官やさまざまな窓口では賄賂が要求される。これらを悪いことだと見る人も多いだろうが、ボクはむしろその方がいいと思う。賄賂を払うことで便宜を図ってもらえるなどメリットもある。タクシーのボッタクリなど、こちらになんらメリットがないものはボクも許せないが、なんらかの利益があるなら多少の金額なら賄賂も許容範囲だ。

カオサン通りが最盛期のころは変な日本人、時間にルーズなタイ人がいっぱいいた。

よく「金持ちならなんでもしていいのか!」みたいな格差社会への罵倒を聞く。ボクは金持ちがそれをいうならともかく、富裕層でない人が訴えるのは、恵んでくれる金額が足りないと怒る物乞いと同じだと思う。富裕層はそれなりの税金を払っているのだから、なにか得なことがあっていいじゃないか。タイは生まれたときにほぼすべてが確定するような格差社会だ。金持ちが得する社会の中で、平民が多少の金額でなにかしらのメリットを享受できるなら、それでいいと思う。

日本人、あるいは日本の公務員にもそう考えている人はいると思う。モラルの違いや遵法精神、取り締まりの厳しさなどがあるにしても、日本なら賄賂を要求して便宜を図ることを本当に実行する人はそういない。一方、タイはそれをサクッとやってしまう。そういう人間味がタイ人らしいではないか。九〇年代後半、あるいは二〇〇〇年に入ってまだ初頭くらいまではタイもそういうことが多かった。いや、そういうことしかなかったといってもいい。ああいうメチャクチャなところがおもしろくて、まさにそれがタイの魅力でもあった。今は便利な世界になったけれど、いろいろと面倒にもなった。なんでもかんでもちゃんとしないといけなくなっている。あのころはゴチャゴチャだった分、自分もテキトーでいいんだと、とても居心地がよかったものだ。まだギリギリそういったいい加減さが残っているので、もうこれ以上ガチガチにならないでほしいと、かつてのタイを知るボクはそう願ってしまう。

## おわりに――だからタイは素晴らしい

タイやタイ人をちょっと悪くいう部分もあったが、ボクはタイが好きである。だからこそ、多くの日本人にもその魅力を知ってもらいたいし、本当のタイを気に入ってもらいたい。そういう気持ちで執筆してきた。

日本語のメディアやネットではタイのいいところばかり、もしくは不快な点の両極端な話がよく目につく。多少偏見があるものの、本書ではタイでタイ人と暮らすボクが、できるだけフラットな目線でタイのいいところ・悪いところを書き綴《つづ》ってきたつもりだ。表面的なことばかりをいうほかの記事と比べたら、ボクの書いてきたものはタイ社会とタイ人の深いところを掘り返せたと思う。

タイ人はとにかく自分に素直な人たちだ。欲望にストレートなので、一見子どもっぽく見えるけれど、タイに暮らし、一旦自分もそんな生き方になると、いろいろなものを肩から降ろすことができて、身軽な人間になった気がしてくる。無理な背伸びをせず、こんな程度でいいんだと、タイ人同様に自己肯定感も高まる。

人や国は常に前進し、常に変化していくものだ。しかし、タイでは同じことを延々繰り返すという進歩がない部分もあってまたおもしろい。これまでボクが書いてきたタイのマイナス面もひっくるめてタイが好きだといえたら、それこそ真のタイ・マニアである。そういう悪いところから目をそらさず、全部をまとめてタイを好きと思える日本人がもっと増えてくれたら、この本を書いた甲斐がある。

**高田胤臣**（たかだたねおみ）

1977年5月24日生まれ。ライター。2002年からタイ在住。妻はタイ人。主な著書に『バンコク　裏の歩き方』（皿井タレー氏との共著）『東南アジア　裏の歩き方』『タイ　裏の歩き方』『ベトナム　裏の歩き方』（以上、彩図社）、『バンコクアソビ』（イースト・プレス）、『亜細亜熱帯怪談』（晶文社）。ニュースサイトなどでも執筆中。渋谷のタイ料理店でバイト経験があり、タイ料理も少し詳しい。ガパオライスが日本で人気だが、ガパオのチャーハン版「ガパオ・クルックカーオ」をいろいろなところで薦めている。


## だからタイはおもしろい　暮《く》らしてわかったタイ人《じん》の「素《す》の顔《かお》」

2023年11月30日初版1刷発行

著　者 ── 高田胤臣

発行者 ── 三宅貴久

装　幀 ── アラン・チャン

印刷所 ── 堀内印刷

製本所 ── 国宝社

発行所 ── 株式会社 光文社
東京都文京区音羽1-16-6（〒112-8011）
https://www.kobunsha.com/

電　話 ── 編集部03（5395）8289　書籍販売部03（5395）8116
業務部03（5395）8125

メール ── sinsyo@kobunsha.com



ISBN 978-4-334-10135-0

1280

## 新説 徳川家康
### 後半生の戦略と決断

野村玄

秀吉の没後、豊臣家と豊臣恩顧の大名たちの制約の中で家康はどのように政治的な手腕を発揮し、幕府の礎を築いていったのか。一次史料から家康の真の偉大さに迫る。

９７８-４-３３４-１０１３１-２

1281

## 発達障害児を育てるということ

柴田哲　柴田コウ

父は発達心理学を研究する大学教授。母は公認心理師。発達の専門家夫妻が軽度自閉症児の息子と送る日々を、保護者視点と研究者視点を行き来しながら綴った「学術的子育てエッセイ」。

９７８-４-３３４-１０１３２-９

1282

## 教養としてのパンク・ロック

川崎大助

「パンク」の語源は？　誰が「パンク・ロック」と名付けたのか？　なぜ髪を逆立てるのか？　なぜトゲトゲの付いた革ジャンを着るのか？　パンクの発想・哲学を名盤１０５枚とともに解説。

９７８-４-３３４-１０１５３-４

1283

## 犯罪へ至る心理
### エティエンヌ・ド・グレーフの思想と人生

梅澤礼

どのようにして人は犯罪に手を染めることになるのか。誰もが罪を犯しうるとしながら、それでも防ぐ方法を模索し続けた、20世紀ベルギーの精神科医・犯罪学者・作家の歩みを丁寧に辿る。

９７８-４-３３４-１０１３４-３

1284

## だからタイはおもしろい
### 暮らしてわかったタイ人の「素の顔」

髙田胤臣

経済格差、階級社会、利己主義……。微笑みの裏側には色々あっても、したたかに、サバーイ（気楽）に生きる。ともに暮らしてはじめてわかる、タイ社会とタイ人の本質とは。

９７８-４-３３４-１０１３５-０